TRAVAILLER AVEC DES ENFANTS

Hélène BIENAIMÉ
Charlotte BOURGEOIS
Barbara CONFORTI
Anne-Gaëlle DELABARRE
Marion ENGUEHARD
Sabine FOSSEUX
Samia HADDAD
Emmanuelle PONTHUS

GROUPE Studyrama

Le groupe Studyrama, partenaire de votre avenir.

En tant qu'acteur référent du monde de l'orientation et de l'aide à la réussite aux examens et aux concours, **notre vocation est de vous accompagner et de vous conseiller** tout au long de votre parcours étudiant et professionnel. Convaincus que **la formation est la clé de votre employabilité**, nous avons créé un écosystème pertinent pour vous aider dans les décisions déterminantes pour votre avenir :

- Chaque année, **nos 140 salons** permettent à plus de 500 000 jeunes de trouver la formation et l'établissement qui les mèneront vers la réussite.
- 4,5 millions de lycéens, étudiants et professionnels trouvent chaque mois, **sur nos sites web et applis**, les réponses à leurs questions grâce à des contenus d'experts sur l'orientation, la formation, les révisions, l'évolution de carrière, l'efficacité professionnelle...
- Nos ouvrages, rédigés par les meilleurs spécialistes, facilitent le choix d'orientation de nos lecteurs et apportent un soutien efficace dans la préparation des concours et des examens.
- Le service d'accompagnement sur-mesure de **notre réseau de conseillers d'orientation tonavenir.net** guide des milliers de jeunes afin qu'ils trouvent la voie du succès.

Notre démarche est fondée sur trois objectifs majeurs : fournir une information de qualité et actualisée, créer les rencontres décisives pour votre évolution et vous offrir les meilleurs conseils d'experts et services personnalisés.
Et comme **c'est ensemble que nous avançons**, nous sommes à votre écoute permanente pour optimiser nos produits et nos offres, afin d'être le partenaire de votre avenir à chaque étape de votre vie !

Pour découvrir l'univers de Studyrama :

Le site référent de l'orientation : studyrama.com
L'agenda de nos 140 salons : studyrama.com/salons
Nos conseillers d'orientation dans toute la France : tonavenir.net
Nos maisons d'édition : librairie.studyrama.com

Pour nous contacter : info@studyrama.com

SOMMAIRE

INTRODUCTION

Acteurs de l'univers de l'enfance, de nombreux professionnels contribuent aujourd'hui à l'éveil et au bien être des « petits ». De la naissance à 12 ans, la vie se construit, les personnalités s'affirment et les enfants apprennent à vivre en société, découvrent le monde des adultes qui se rapproche à grands pas. Pour les aider dans cet apprentissage essentiel, les accueillir, les soutenir si nécessaire, les éduquer et les faire rêver, des adultes compétents sont présents à leurs côtés, au quotidien ou ponctuellement.

L'horizon des métiers de l'enfance est très vaste, mais tous ses intervenants ont en commun une vocation identique, l'amour des enfants. Auquel s'ajoutent une bonne dose de patience, un grand sens du contact humain et des qualités psychiques et physiques indispensables. En immersion dans le milieu naturel de l'enfance, ces professionnels interviennent toujours dans le cadre d'une équipe. Quand on s'occupe des plus jeunes, on ne fait jamais cavalier seul car tous les métiers du secteur sont amenés à agir ensemble et à s'épauler dans leur travail.

Souvent conjuguées au féminin, les professions liées à l'enfance vont puiser leur savoir-faire dans des enseignements spécifiques. Acquérir des compétences techniques et des réflexes indispensables fait partie du bagage de départ : on ne s'improvise pas puéricultrice, animateur ou psychomotricien, ni juge des enfants, pédiatre ou marionnettiste…

Cet ouvrage a pour ambition de vous faire découvrir les multiples carrières qu'offre le monde de l'enfance. Toutes plus passionnantes les unes que les autres, elles n'en sont pas moins exigeantes et créatives et supposent un investissement personnel très important. Pour chaque grande famille des métiers de l'enfance, des témoignages viennent apporter l'éclairage du praticien et souligner combien l'activité consacrée aux enfants stimule les carrières individuelles. De nouvelles activités font figure de gisements d'emplois, d'autres se sont métamorphosées au fil des années et suivent de près les mutations de la société, ses bienfaits et ses inconvénients pour l'enfant. Au menu des métiers, un large choix : petite enfance, école, santé, protection de l'enfance ou loisirs. Du conteur au directeur d'école maternelle, de l'assistante sociale au ludothécaire, de l'orthophoniste au moniteur-éducateur, entrez dans le monde des adultes au pays des enfants.

PARTIE I

DANS L'UNIVERS DES TOUT-PETITS

Tous les enfants, en particulier les plus jeunes, ont besoin de soins et d'attention pour façonner leur personnalité et s'éveiller à la vie. Des structures spécifiques favorisent cet épanouissement social. Elles abritent une large palette de professionnels qualifiés et motivés qui répondent aux exigences des enfants en respectant les rythmes essentiels.

1 – LES LIEUX D'ACCUEIL DES ENFANTS

Durant les premières années de leur vie, plus de la moitié des enfants sont pris en charge au quotidien par d'autres personnes que leurs parents. Accroissement de l'activité féminine oblige, la demande de structures d'accueil pour les enfants d'âge préscolaire s'est intensifiée. Malgré des disparités régionales et des carences en équipement dans certaines communes, les modes de garde pour la petite enfance se sont diversifiés et multipliés ces vingt dernières années. Au cœur du dispositif actuel, les assistantes maternelles jouent toujours un rôle majeur pour la garde des jeunes enfants, même si le nombre de places en crèches collectives augmente constamment et ouvre de nouveaux horizons en matière d'emploi. La tendance est au développement rapide de petites structures et de systèmes de multi-accueil (permanent ou temporaire) : ainsi, selon l'état des lieux 2018 du Haut Conseil de la famille, de l'enfance et de l'âge, 36 % des parents font fait appel à une solution d'accueil externe à la cellule familiale. Parmi eux, 13 % ont eu recours à une crèche, 19 % ont fait appel à une assistante maternelle, 4 % ont opté pour une autre solution de garde (à domicile ; halte-garderie). Les autres ont eu recours à la famille (61 %) : parmi ces derniers dans 32 % des cas, il s'agit des parents de l'enfant, eux-mêmes et 22 % ont aussi été accueillis pour de courtes durées par une assistante maternelle, en crèche ou à l'école.
En fonction de l'âge de l'enfant, des exigences familiales et des possibilités financières des familles, chacun choisit le mode de garde qui lui convient le mieux : on distingue l'accueil collectif (crèches, haltes-garderies, pouponnières) de l'accueil familial (crèches familiales, assistantes maternelles).

LES STRUCTURES COLLECTIVES

Les crèches collectives

D'après le rapport de l'Observatoire national de la petite enfance paru en 2018 (Caisse nationale des allocations familiales et Drees), on dénombre actuellement 56,6 places d'accueil pour 100 enfants de moins de trois ans (soit 6,1 % de plus qu'en 2010) ; l'accueil collectif,

en microcrèches, en crèches familiales et parentales est le second pourvoyeur de places après les assistantes maternelles et représente 17,8 % des places ouvertes aux enfants de moins de 3 ans.
De quartier ou d'entreprise, micro ou parentales, les crèches collectives accueillent tous les jours les enfants de moins de 3 ans. Fortes d'un personnel qualifié et compétent, ces structures situées dans des locaux spécialement conçus, garantissent une prise en charge globale des tout-petits qui va de la dispense de soins médicaux et sanitaires à l'éveil et l'acquisition de leur autonomie en collectivité. Les multiples activités proposées stimulent les échanges et favorisent la socialisation.
Financièrement, les crèches représentent une solution économique pour les parents car les tarifs sont modulables en fonction des revenus. À noter cependant, deux restrictions : ces structures ne sont pas autorisées à recevoir les enfants malades à cause des risques de contagion et le nombre de places qui reste insuffisant au regard des besoins.

Il existe des crèches traditionnelles avec une capacité de 50 enfants et des microcrèches qui reçoivent moins de 20 enfants. Toutes deux sont dirigées par une puéricultrice ou d'autres professionnels qui encadrent également l'équipe technique composée d'auxiliaires de puériculture, d'un éducateur de jeunes enfants, d'une infirmière, d'un pédiatre…
Les crèches parentales, elles, sont gérées par des associations de parents qui participent eux-mêmes à tour de rôle à la garde de leurs enfants, avec le soutien d'un personnel qualifié. Le projet éducatif est alors élaboré en concertation par les parents et les professionnels embauchés par l'association. Évidemment, ces établissements présentent les avantages et les inconvénients du bénévolat : car leur avenir dépend de la disponibilité, du dynamisme, des possibilités financières et des relais parentaux possibles pour assurer la pérennité de l'équipement.

Les haltes-garderies

Contrairement à la crèche, la halte-garderie n'est pas un lieu d'accueil permanent. Ici, les enfants de moins de 6 ans sont reçus ponctuellement pour permettre à la mère de se libérer quelques heures et favoriser l'éveil de l'enfant. Publiques ou privées les

haltes-garderies accueillent essentiellement les enfants dont les parents travaillent à temps partiel. Mais un enfant peut être inscrit en halte-garderie quelle que soit la situation familiale et professionnelle des parents (en couple ou famille monoparentale, travail à temps plein ou temps partiel…).
Cependant, un certain nombre de places (au minimum une place par tranche de 20 places d'accueil) sont réservées aux parents engagés dans un parcours d'insertion sociale et professionnelle (source : www.service-public.fr/particuliers/vosdroits/F853).
Aujourd'hui très en vogue dans les centres urbains, la halte-garderie représente une solution de garde souple et peu coûteuse pour les parents (la participation des familles varie en fonction des ressources et du nombre d'enfants), s'adaptant aux nouvelles évolutions de l'emploi, en particulier féminin, temps partiel, missions ponctuelles…

Les pouponnières

Selon la définition légale, les pouponnières sont des établissements assurant la garde de jour et de nuit des enfants de moins de 3 ans qui ne peuvent ni rester au sein de leur famille ni bénéficier d'un placement familial surveillé. Ces structures proposent donc un accueil exceptionnel et de courte durée.
On distingue les pouponnières médicales destinées à des enfants présentant des difficultés de santé et les pouponnières sociales pour ceux qui ne peuvent rester avec leurs parents en raison de situations d'urgence sociale vécues par les familles. Au-delà de la qualité de l'accueil de la pouponnière, les conséquences d'un séjour prolongé de l'enfant sont graves, synonymes de l'impossibilité structurelle des parents de prendre en charge l'enfant.

LES STRUCTURES FAMILIALES

Les crèches familiales

Les crèches familiales regroupent 10 % de l'ensemble des places en structures collectives qui emploient des assistantes maternelles agréées, encadrées par une équipe de professionnels issue des crèches. L'enfant est accueilli au domicile de l'assistante maternelle, mais une ou deux fois par semaine se retrouve avec d'autres enfants dans un local adapté (en général une crèche collective), où une éducatrice développe des activités d'éveil. Ce mode de garde présente un double intérêt : il permet à l'enfant d'évoluer dans un cadre familial, tout en profitant d'un encadrement professionnel. La directrice de la crèche et un pédiatre font régulièrement des visites au domicile de l'assistante maternelle, où du matériel (lits, jouets...) est mis à disposition par la crèche.

Les assistantes maternelles

Elles sont environ 310 000 à exercer, et près de 635 000 enfants de moins de 3 ans sont aujourd'hui gardés par une assistante maternelle. Cela représente un tiers des enfants de moins de 3 ans, avec, cependant, des disparités territoriales puisqu'ils sont seulement 10 % en Guyane, contre près de 92 % en Haute-Loire, à bénéficier de ce mode de garde (Observatoire national de la petite enfance – Drees et CAF, 2018). Agréée par la PMI et le conseil général pour recevoir régulièrement des enfants chez elle, l'assistante maternelle est employée directement par les parents (à la différence de la crèche familiale) avec lesquels elle signe un contrat de travail fixant les engagements respectifs. Horaires adaptables, proximité géographique assurée et respect du rythme de l'enfant qui évolue dans un environnement douillet sont autant de cordes à son arc.

LA PROTECTION MATERNELLE ET INFANTILE (PMI)

Prévenir, informer, aider... Dépendant du Conseil général, la PMI s'adresse essentiellement aux femmes enceintes, aux mères et aux enfants jusqu'à 6 ans. Cette structure apporte conseils et soins médicaux : des consultations de puériculture aux visites à domicile, du bilan de santé aux vaccinations, en passant par l'encadrement des assistantes maternelles... La palette d'interventions préventives est large, pour assurer la santé des familles et le suivi du développement physique et affectif de l'enfant. Ce service de proximité fort utile est assuré par des sages-femmes, des puéricultrices, des psychologues, des médecins, des infirmières et des assistants sociaux.

2 – QUI EXERCE DANS CES STRUCTURES ?

Le secteur d'activité de la petite enfance attire surtout des femmes, de la puéricultrice qui contribue à la santé de l'enfant dans ses différents milieux de vie à l'auxiliaire de puériculture qui prend en charge le quotidien et les petits bobos de tous les jours, ces métiers ont un dénominateur commun : ils visent à accompagner l'enfant vers une autonomie personnelle, en respectant le rythme de chacun. Fonctionnant pour la plupart au sein d'une équipe pluridisciplinaire, ces professions de la petite enfance se conjuguent toutes avec douceur et dévouement, intuition, patience et créativité.

LA PUÉRICULTRICE

Actuellement, 21 385 puéricultrices exercent en France, dont 98,5 % de femmes (source : Drees, 2018) : 63,8 % d'entre elles travaillent en hôpital, les autres dans les PMI et les crèches. Toutefois, le nombre de postes en milieu hospitalier tend à diminuer, au profit des autres structures d'accueil, tout particulièrement dans les grandes villes. Diplômée d'État, la puéricultrice est une infirmière ou une sage-femme qui a suivi une formation spécifique d'un an, lui permettant de devenir une spécialiste de la santé de l'enfant et de son développement psychoaffectif. Elle assure des fonctions de prévention, de soins, d'éducation et de formation au sein d'équipes médicales et éducatives, toujours dans le but d'aider les enfants malades ou en bonne santé à bien grandir. Dans sa carrière, la puéricultrice est amenée à occuper des postes de direction et d'encadrement technique.

Entièrement à l'écoute du bien-être des enfants

En milieu hospitalier

La puéricultrice participe au soutien des enfants malades dans les services de médecine et de chirurgie infantile, de néonatalogie, dans les pouponnières sanitaires, les services de réanimation infantile, ou lors des hospitalisations à domicile. Elle assure les premiers soins des nourrissons, conseille et guide les nouvelles mamans sur les soins d'hygiène et l'allaitement. Pour les enfants nés prématurément, elle se charge de les nourrir par des techniques spécifiques d'alimentation, assiste le médecin lorsqu'il faut poser des sondes ou faire des ponctions, calcule les régimes et dose les médicaments en fonction de l'âge et de la pathologie de l'enfant.

En PMI

L'infirmière, ou la sage-femme spécialisée en puériculture, est investie d'un rôle plus large de surveillance des enfants à leur domicile, d'éducation des familles et de promotion de la santé.
Disponible et à l'écoute, elle informe les parents sur les soins, les gestes quotidiens, l'hygiène de vie à apporter aux jeunes enfants et, si besoin est, elle les oriente vers des spécialistes. Les visites qu'elle effectue à domicile lui permettent de participer à la prévention de la maltraitance et d'encadrer les assistantes maternelles agréées.
En PMI, ses activités s'insèrent au sein d'une équipe pluridisciplinaire comprenant un médecin, un éducateur de jeunes enfants, une auxiliaire de puériculture, une sage-femme, des travailleurs sociaux. Ses actions sont menées en partenariat avec tous les intervenants de la petite enfance. Dans le cas de suspicion de maltraitance par exemple, la puéricultrice se rendra au domicile de l'enfant dans un premier temps avec une assistante sociale, pour proposer et mettre en place des aides pour la famille. Après concertation avec le médecin de PMI, elle peut être amenée à rédiger ou à participer à la rédaction d'un rapport administratif ou d'un signalement judiciaire.

Dans les crèches collectives ou familiales, les haltes-garderies, les consultations d'enfants...

Ici, en plus des fonctions d'éducation sanitaire et de surveillance médicale, la puéricultrice a la responsabilité d'animer un projet éducatif portant sur la santé, le développement et l'alimentation. Elle occupe la plupart du temps des postes de direction.
En cours de carrière, la puéricultrice peut passer facilement d'une structure à une autre, ce qui lui permet d'appréhender l'enfance sous tous ses aspects. En moyenne, son salaire varie en fonction des secteurs d'activité, des conventions collectives et de ses employeurs (fonction publique territoriale, hospitalière, caisse d'Allocations familiales, mutualité sociale agricole, associations, entreprises et

établissements privés). À titre indicatif, le salaire mensuel brut d'une infirmière puéricultrice diplômée d'État (hors primes) s'échelonne, dans le secteur public, de 1 949 euros en début de carrière (grade 3 – ISGS) à 3 045 euros en fin de carrière (grade 2 – ISGS).

DES RESSOURCES DE PATIENCE ET DE PSYCHOLOGIE

Élisa Guises a diversifié au maximum sa carrière de puéricultrice. D'abord infirmière, puis puéricultrice en hôpital, elle devient ensuite enseignante et directrice de l'école départementale des Yvelines puis administrateur de l'Association nationale des puéricultrices diplômées et des étudiants (ANPDE). Elle nous parle de son métier qu'elle aime par-dessus tout.

« La puéricultrice est une généraliste de l'enfant. Elle s'occupe de sa santé dans la vie quotidienne, de son équilibre, et elle doit faire preuve d'une très grande écoute de l'enfant et de ses besoins. À l'hôpital, le temps est scindé par les soins médicaux, ce qui limite les activités que l'on peut faire avec les petits. Il faut s'armer de patience et de psychologie pour s'adapter à chaque instant aux requêtes des enfants malades qu'il faut essayer de distraire pour leur faire vivre au mieux leur vie d'enfant. Pour être puéricultrice en milieu hospitalier, il faut une grande résistance physique, un bon sens relationnel pour parler aux enfants, mais surtout aux parents qui gèrent le quotidien. Il faut aimer les enfants et apprendre à s'en occuper. C'est un métier prenant, parfois pénible à supporter surtout dans certains services. Le plus difficile pour celles qui débutent est d'apprendre à maîtriser leurs propres émotions : on n'est pas la mère de l'enfant, mais une professionnelle et en tant que telle, on ne reçoit pas toujours la gratification attendue. Être puéricultrice peut être évidemment une vocation, mais qu'il faut travailler, professionnaliser et approfondir théoriquement à chaque instant. Notre profession présente un intérêt majeur : on peut changer de secteur très facilement, passer de l'hôpital à la crèche, ou encore à l'enseignement... »

Sa formation

Pour pouvoir exercer la profession de puéricultrice, il faut être titulaire du diplôme d'État préparé dans l'une des écoles agréées par le ministère de la Santé (voir le carnet d'adresses). Si l'on veut se présenter dans l'un de ces établissements, il faut déjà avoir en poche un diplôme d'État d'infirmière (trois ans d'études) ou de sage-femme (cinq ans d'études). En pratique, plus de 95 % des puéricultrices sont des infirmières. Par ailleurs, il faut souligner qu'il n'y a pas d'âge limite.

Les candidats peuvent se renseigner auprès de l'Ordre national des infirmiers ou de l'Association nationale des puéricultrices diplômées et des étudiants (voir le carnet d'adresses).

Le concours d'entrée

Le concours d'entrée comprend deux épreuves écrites, portant sur le programme du diplôme d'État d'Infirmier (QCM et questions ouvertes) et des tests psychotechniques.
Si l'épreuve écrite est un succès (admissibilité), il faut alors valider une épreuve orale (admission) portant sur l'étude d'un cas pratique en rapport avec l'exercice professionnel infirmier.

Le contenu des enseignements

La formation de puéricultrice s'organise sur 12 mois à temps plein et alterne enseignements théoriques (650 heures), travaux dirigés et d'évaluation (140 heures) et enseignement clinique (710 heures). Le programme aborde les thèmes suivants : l'enfant de la vie intra-utérine à l'âge de 15 ans, la prévention médicale, médico-sociale et socio-éducative, la maladie, l'environnement familial et social, l'exercice professionnel, la réglementation, la formation à la gestion, etc. Les cours développent les capacités professionnelles nécessaires pour identifier les besoins d'un enfant, y répondre, promouvoir une politique de progrès en matière de santé de l'enfant par des actions de prévention, d'éducation et pour participer à l'administration d'une institution d'enfants.

Le coût de la scolarité varie selon les écoles ; il faut compter de 4 000 à 9 000 euros environ.

Évolution professionnelle

Les possibilités d'évolution sont nombreuses dans cette profession. Après au moins cinq ans d'expérience, une puéricultrice peut travailler en tant que directrice de crèche collective et familiale ou directrice de pouponnière. Elle a également l'opportunité de devenir monitrice dans des écoles de puéricultrices, d'infirmières et de sages-femmes ou bien encore d'accéder à la fonction de directrice d'école. De nombreuses autres passerelles d'évolution existent : la puéricultrice

peut s'orienter vers le rôle de coordinatrice du service petite enfance dans une municipalité, de responsable de circonscription d'Action sanitaire et sociale, ou en milieu hospitalier, de surveillante d'un service de pédiatrie, surveillante chef ou infirmière générale après l'obtention du diplôme de cadre de la santé (1 an d'études)
Très prisée, la fonction de responsable de « relais assistantes maternelles » se développe. Son rôle consiste à aider les parents dans la recherche d'une assistante maternelle libre, à susciter et promouvoir la formation de ces dernières.
Par ailleurs, il faut noter que l'Association nationale des puéricultrices diplômées et des étudiants (ANPDE) organise régulièrement des séminaires et des journées d'études pour actualiser les connaissances des professionnelles.
Enfin, il est possible d'intégrer la fonction publique. La mairie de Paris, la fonction publique hospitalière et la fonction publique territoriale recrutent des puéricultrices par le biais d'un concours sur titre organisé de façon irrégulière.

LE CHEF D'ORCHESTRE DE LA CRÈCHE

Puéricultrice de formation, Isabelle Gabriel a été directrice de la crèche de l'Arche à Bizanos (Pyrénées-Atlantiques) par besoin de changer de cadre professionnel, de s'éloigner du système hospitalier et de se consacrer encore davantage aux enfants.
« Je passais plus de la moitié de mon temps à animer l'équipe d'encadrement, ce qui est primordial pour le fonctionnement d'une crèche, car c'est là que prennent source le bon esprit et le climat détendu et serein indispensable au bien vivre des enfants. En début d'année, je déterminais avec l'éducatrice les lignes générales du travail que nous allions mener, en tenant compte bien sûr des désirs des enfants et des professionnels. Une année par exemple, nous avions choisi de faire intervenir une conteuse à la crèche, d'organiser des sorties à la vidéothèque, ou encore d'initier les enfants à la cuisine en plantant des légumes dans le potager de la crèche.
En tant que responsable de la santé psychique et physique des petits, mon rôle consistait aussi à observer les agissements des uns et des autres : je participais à l'accueil du matin, je rendais visite aux bébés pendant les repas, participais aux ateliers de chanson... Tout cela toujours dans le but de me rendre compte de ce que vivait l'enfant. Je supervisais tout en m'intégrant au quotidien.
Un conseil : il ne faut pas être trop jeune pour prendre la responsabilité d'une crèche. Bien sûr, c'est un métier passionnant et créatif, mais il réclame une grande solidité, un mélange de souplesse et de rigueur, un appel permanent à l'ouverture d'esprit. »

▶ **Pour plus de renseignements :**

• Association nationale des puéricultrices diplômées et des étudiantes (ANPDE). 132, avenue du Général-Leclerc, 75014 Paris. Tél. : 01 45 39 97 62. Internet : www.anpde.asso.fr

• Les sites : www.infirmiers.com et www.ordre-infirmiers.fr

AUXILIAIRE DE PUÉRICULTURE

Auprès des enfants, les auxiliaires de puériculture tiennent un rôle irremplaçable, puisqu'elles partagent leur quotidien, participent à leur maternage et à leur éducation. Ce sont elles qui bercent, consolent, observent, écoutent et agissent, qui souvent connaissent le mieux les enfants. Certes la profession connaît quelques ombres au tableau en raison des créations de postes au compte-gouttes, surtout en province, mais également parce que le milieu hospitalier leur préfère souvent les aides-soignantes réputées plus polyvalentes. Néanmoins ces professionnelles de la petite enfance gardent un rôle primordial dans les équipes pluridisciplinaires. Patientes, capables de travailler au milieu des pleurs et des cris, elles connaissent les enfants dans leurs moindres besoins, décèlent les problèmes sans jamais se laisser diminuer par la fatigue.

Actuellement, il existe environ 60 000 auxiliaires de puériculture, la grande majorité d'entre elles travaillant dans des établissements publics. Les chances d'être embauchées restent plus élevées en région parisienne que dans le reste de la France, et dans les crèches, plus que dans les hôpitaux qui réduisent leur personnel pour des raisons budgétaires. Autrefois relativement mésestimée, la profession d'auxiliaire de puériculture est entrée dans une phase de revalorisation, gagnant petit à petit ses lettres de noblesse auprès des autres professionnels de la petite enfance.

Motivation et tendresse à tous les instants

Chargée du bien-être et de l'éveil des petits, l'auxiliaire de puériculture vit en contact direct et constant avec les enfants. Ses compétences professionnelles s'exercent au sein d'une équipe pluridisciplinaire, sous le contrôle d'une puéricultrice, d'une infirmière ou d'une sage-femme.

En crèche, halte-garderie, « baby club »…

Responsable d'un groupe de cinq à huit enfants, elle les fait jouer (puzzles, rondes, confection de gâteaux), raconte des histoires, invente des chansons. Elle leur donne à manger, les change, les surveille, identifie et note au quotidien leurs besoins physiques, physiologiques et psychologiques. Elle connaît bien les parents qu'elle reçoit matin et soir.

Dans un centre de consultation spécialisé pour enfants (PMI)

Son activité y est plus sociale et médicale, elle assiste la puéricultrice, l'accompagne aux visites à domicile, tient à jour les dossiers. À l'écoute des enfants mais surtout des parents, elle donne des conseils en matière de diététique et d'hygiène et les informe sur les étapes du développement psychomoteur de leur progéniture. Elle contribue également à assurer la propreté des locaux.

Dans un service hospitalier (maternité, chirurgie infantile, pédiatrie) ou une pouponnière

Elle doit être capable de se rendre compte si les enfants vont mal et de transmettre l'information au pédiatre. Ses responsabilités sont importantes : elle apporte les soins ordinaires aux enfants en bas âge, les pèse, prépare leur biberon, en s'occupant aussi de l'entretien du matériel utilisé (lavage des brassières, stérilisation des biberons)… Tout en participant également à l'élaboration et au suivi du projet de vie de l'établissement.

La rémunération d'une auxiliaire de puériculture varie en fonction des régions, de l'employeur (services médicaux ou sociaux, publics ou privés…). Dans la fonction publique hospitalière, un auxiliaire de puériculture principal de 2e classe touche entre 1 537 et 1 958 euros bruts mensuels ; avec le grade d'auxiliaire de puériculture principal de 1re classe, ces rémunérations varient entre 1 640 et 2 183 euros.

Sa formation

Pour apprendre à identifier les besoins de l'enfant, à administrer les soins de base, l'auxiliaire de puériculture doit suivre une formation assurée par l'une des 128 écoles délivrant le diplôme d'État d'auxiliaire de puériculture, le DEAP (voir le carnet d'adresses).

Conditions d'accès

L'examen est accessible aux candidats de plus de 17 ans sans condition de diplôme. Sont dispensés de l'épreuve écrite de culture générale (source : www.infirmiers.com) :

- les candidats titulaires d'un titre ou diplôme homologué au minimum au niveau IV ou enregistré à ce niveau au répertoire national des certifications professionnelles, délivré dans le système de formation initiale ou continue français ;
- les candidats titulaires d'un titre ou diplôme du secteur sanitaire ou social homologué au minimum au niveau V, délivré dans le système de formation initiale ou continue français ;
- les candidats titulaires d'un titre ou diplôme étranger leur permettant d'accéder directement à des études universitaires dans le pays où il a été obtenu ;
- les étudiants ayant suivi une première année d'études conduisant au diplôme d'État d'infirmier et n'ayant pas été admis en deuxième année.

Les titulaires du bac professionnel accompagnement, soins et service à la personne (ASSP) et ceux du diplôme d'État d'aide-soignant bénéficient d'une procédure de sélection sur dossier et d'une dispense de certains modules de formation.

Les épreuves de sélection mises en place par chaque établissement comprennent des épreuves écrites avec une épreuve de culture générale en relation avec le secteur sanitaire et social et un test pour évaluer les aptitudes à l'attention, le raisonnement logique et l'organisation. L'épreuve orale consiste en la présentation d'un exposé et un entretien de motivation.

Programme d'études

Il consiste en 10 mois d'études, réparties en heures d'enseignement théorique (595 heures) et pratique (stages de 24 semaines, soit 840 heures). Le site www.infirmiers.com précise que *« l'enseignement en institut comprend 8 modules, dispensés sous forme de cours magistraux, de travaux dirigés, de travaux de groupe et de séances d'apprentissages pratiques et gestuels. L'enseignement en stage est réalisé en milieu professionnel, que ce soit dans le secteur sanitaire, social ou médico-social, en établissement, et comprend six stages »*. Temps d'apprentissage privilégié, les stages représentent une part importante du cursus (6 stages se déroulant chacun pendant 4 semaines). Facilitant la découverte et l'intégration dans le milieu professionnel, ils sont organisés dans différents services du milieu hospitalier et dans les structures d'accueil de la petite enfance.

Évolution professionnelle

Grâce aux possibilités de formation permanente, l'auxiliaire de puériculture peut exercer son métier en réactualisant sans cesse ses connaissances, ce qui lui permet d'acquérir un large éventail de polyvalence, de s'adapter aux différents lieux d'exercice et de passer ainsi de la crèche à la PMI, où son rôle est plus social. Les possibilités d'évolution restent, quant à elles, assez faibles. Toutefois, il existe des passerelles entre cette profession et celle d'éducateur de jeunes enfants. Après trois ans d'expérience, l'auxiliaire de puériculture peut également se présenter au concours d'entrée des instituts de formation en soins infirmiers (IFSI), point de passage obligatoire si elle veut devenir puéricultrice.

Le diplôme d'auxiliaire de puériculture donne également accès à la préparation du diplôme d'État d'accompagnant éducatif et social spécialité accompagnement de la vie à domicile, pour devenir auxiliaire de vie sociale : un créneau qui se développe.

Il est possible, comme pour la puéricultrice, d'intégrer la fonction publique hospitalière ou territoriale par le biais d'un concours sur titre.

▶ **Pour plus de renseignements :**

• Association nationale des auxiliaires de puériculture. 22, chemin de Camalet, 64170 Viellenave-d'Arthez. Tél. : 05 59 77 03 11. Internet : www.asso-anap.net. Cette association professionnelle défend les intérêts des titulaires du diplôme. Elle propose des journées nationales et régionales.

• Comité d'entente des écoles préparant aux métiers de l'enfance, puéricultrice et auxiliaire de puériculture (CEEPAME). 26, boulevard Brune, 75014 Paris. Tél. : 06 80 32 17 50. Cette association regroupe les écoles d'auxiliaire de puériculture et informe sur les formations. Internet : www.ceepame.com

• Centre national de la fonction publique territoriale (CNFPT). 80, rue de Reuilly, CS 41232, 75578 Paris. Tél. : 01 55 27 44 00. Internet : www.cnfpt.fr

Le concours de catégorie C d'auxiliaire de puériculture territorial est organisé par les centres de gestion de la fonction publique territoriale. Pour avoir leurs coordonnées et tous les renseignements sur les concours, adressez-vous à ce centre.

ASSISTANTE MATERNELLE

Plus souvent appelée « nounou » ou « tata », l'assistante maternelle accueille à son domicile un ou plusieurs enfants moyennant rémunération. Pour pouvoir exercer sa profession, elle doit être agréée. La demande se fait auprès du service départemental de la protection maternelle et infantile. Le site www.service-public.fr/particuliers/vosdroits/F798 précise que *« l'agrément est délivré par le président du conseil départemental pour cinq ans »*. Elle peut accueillir jusqu'à quatre enfants. Disponible et douce, elle veille à la sécurité et au bien-être des enfants, participe à l'éveil de leur personnalité, établit avec eux une relation affective à long terme, en complétant le rôle des parents. Ces fonctions demandent des compétences et un savoir-faire qui en font un vrai métier, où l'affectivité et l'instinct maternel priment.

Aujourd'hui, près de 800 000 enfants bénéficient de ce mode de garde (source : Observatoire national de la petite enfance). Les pouvoirs publics ont favorisé l'essor des assistantes maternelles en développant des dispositifs pour accroître les emplois de proximité, notamment avec la mise en place du complément de libre choix du mode de garde de la prestation d'accueil du jeune enfant (PAJE) qui varie selon les ressources et l'âge des enfants. En termes d'emploi, ce secteur présente un potentiel non négligeable, car les parents se montrent très intéressés par ce type de garde.

Quatre manières d'exercer

On distingue les assistantes maternelles qui reçoivent les enfants à la journée, de celles qui les accueillent de façon permanente. Mais dans tous les cas, confiance mutuelle et continuité sont les deux maîtres mots de cette profession.

L'assistante maternelle indépendante

Elle est employée directement par les parents avec lesquels elle fixe les conditions de garde de l'enfant, en tenant compte du rythme et des habitudes de ce dernier. Un contrat de travail établit en effet les modalités d'accueil et les engagements respectifs, en fonction des besoins de l'enfant et des contraintes professionnelles des parents. Le salaire de base d'une assistante maternelle est fixé à 2,82 euros bruts par heure et par enfant.

► **Pour plus de renseignements :** vous pouvez vous rendre sur les sites Internet suivants :

- www.caf.fr ;
- www.service-public.fr ;
- www.pajemploi.urssaf.fr

L'assistante maternelle des crèches familiales

Elle dépend d'une mairie, d'une association ou d'une mutuelle, qui lui envoie les enfants. L'assistante maternelle est rémunérée directement par la crèche, avec laquelle elle a passé un contrat de travail. Et les parents paient proportionnellement à leurs ressources.

L'assistante maternelle de l'aide sociale à l'enfance (ASE)

Elle est employée par le conseil général. Les enfants sont placés par l'ASE quand les parents connaissent des difficultés, ou après une décision judiciaire.

L'assistante maternelle en placement familial spécialisé (PFS)

Dans ce cas, elle est généralement employée par des associations spécialisées dans l'accueil d'enfants présentant de graves troubles physiques ou mentaux et qui nécessitent une prise en charge particulière.
Dans ces deux derniers cas, les assistantes maternelles reçoivent un agrément particulier puisqu'elles mènent un travail éducatif qui s'intègre au sein d'une équipe spécialisée. Avant de décider d'accueillir un enfant en difficulté, l'assistante maternelle doit être consciente que son travail aura des répercussions sur tout son entourage qui doit faire preuve de tolérance et de compréhension afin d'aider l'enfant à progresser. Dans les services spécialisés, le salaire de l'assistante maternelle est plus important, en raison des difficultés présentées par la charge éducative.

Sa formation

L'agrément est obligatoire.
Il vise à s'assurer que la future assistante maternelle présente toutes les garanties nécessaires au bon développement de l'enfant. Il tient compte de l'état de santé de la future nounou, de son logement, de son confort et de son environnement familial.
Les formulaires de demande d'agrément Cerfa sont à retirer directement ou par écrit au service de Protection maternelle et infantile (PMI) du département. On peut aussi contacter l'assistante sociale du quartier ou le responsable du service Petite Enfance de la mairie.
Après un contrôle médical et un examen minutieux de la demande, la décision intervient dans un délai de trois mois. Sachez que l'agrément est valable pour une durée de cinq ans (renouvelables).

La formation

Une fois l'agrément obtenu, l'assistante maternelle doit suivre une formation obligatoire de 120 heures (dont une formation « premiers secours »). Il existe également de nombreux stages de courte durée réservés aux professionnels de la petite enfance, qui peuvent être pris en charge par une crèche ou une collectivité territoriale si l'assistante maternelle exerce dans ces structures ou bien par le conseil général.

Depuis le 1er janvier 2019, la formation d'assistante maternelle est répartie comme suit :
• 80 heures dans un délai de six mois à compter de la réception du dossier complet de demande d'agrément de l'assistante maternelle et avant tout accueil d'un enfant ;
• 40 heures dans un délai maximum de trois ans à compter de l'accueil du premier enfant par l'assistante maternelle.
Cette formation permet à l'assistante maternelle d'acquérir des connaissances, sur :
• les besoins fondamentaux de l'enfant : sécurité psycho-affective et physique (formation aux gestes de premier secours), soins d'hygiène, confort de l'enfant, continuité des repères entre vie familiale et mode d'accueil, et accompagnement de l'enfant dans son développement, son épanouissement, son éveil, sa socialisation et son autonomie (30 heures minimum) ;
• les spécificités du métier d'assistant maternel : connaissance des droits et devoirs, communication et relations professionnelles, etc. (20 heures) ;
• le rôle de l'assistante maternelle et son positionnement dans les dispositifs d'accueil du jeune enfant : cadre juridique, sociologique et institutionnel de l'enfant, de la famille, etc. (15 heures).

Source : www.service-public.fr/particuliers/vosdroits/F798

► Pour plus d'informations :

• Syndicat professionnel des assistants maternels et assistants familiaux (Spamaf). Internet : www.assistante-maternelle.org
• Vous pouvez également vous adresser au service de PMI de votre commune.

NOUNOU DANS L'ÂME

Assistante maternelle depuis 30 ans, Amalia Bellocq-Larrieu exerce son métier comme une vocation qui s'est imposée depuis sa plus tendre enfance. Elle nous raconte son expérience professionnelle entièrement consacrée aux enfants : « *J'exerce un métier formidable, gratifiant même s'il n'offre pas toujours la stabilité. Je n'échangerais pour rien au monde l'émotion que je ressens à chaque fois qu'un petit m'appelle "tatie" avec son sourire plein de chocolat et ses yeux pétillants. Dans la journée, je garde trois enfants ; tandis que certains dorment, je fais des jeux avec les autres, leur raconte des histoires, toujours dans l'optique de respecter leurs envies et leur rythme biologique. Souvent, j'emmène les enfants en balade, à des ateliers organisés par le relais, ou bien, nous sortons cueillir des légumes et des fruits dans mon jardin.*
Pour pouvoir être assistante maternelle il faut aimer les enfants bien sûr, être capable de les écouter, de changer de jeu lorsqu'ils s'ennuient, il faut se montrer tolérant et patient. Ces deux qualités s'exercent aussi par rapport aux parents, avec lesquels s'établit un rapport de confiance. Il faut les sécuriser.
Sachez que la gratification qu'apporte cette profession est d'ordre purement émotionnel (je reçois encore des photos de vacances ou d'anniversaire de petits que j'ai gardés). Mais pour ce qui est de la rémunération, ce n'est pas avec ce métier que vous deviendrez riche. » Bénéficiant du double agrément, Amalia Bellocq-Larrieu reçoit également à plein-temps des enfants en difficulté envoyés par la Ddass. Certains sont restés chez elle pendant sept ans.

ÉDUCATEUR DE JEUNES ENFANTS

Ces professionnels de la petite enfance sont chargés de veiller au développement de l'enfant d'âge préscolaire, à son éveil, son confort, son épanouissement. Par différentes activités, ils cherchent à stimuler les capacités intellectuelles, sensori-motrices de l'enfant qui a moins de 7 ans, pour le préparer à la vie scolaire. Ils s'emploient non seulement à faire acquérir les premières habitudes d'hygiène mais aussi à guider l'activité, l'apprentissage du langage.
En France, on compte aujourd'hui environ 16 000 éducateurs de jeunes enfants (et environ 2 000 nouveaux étudiants chaque année), la profession étant très fortement féminisée (98 % de femmes EJE). Les types de structures où ils exercent sont très diversifiés et les débouchés variables en fonction des régions (un tiers des EJE travaillent actuellement en Île-de-France).

50 % des éducateurs de jeunes enfants exercent dans les crèches collectives, les haltes-garderies et dans le secteur associatif qui accueille le plus grand nombre de jeunes diplômés. Ils sont aussi amenés à travailler dans des instituts spécialisés pour enfants handicapés ou inadaptés, dans certains services départementaux de l'aide sociale à l'enfance tels que les pouponnières, les foyers de l'enfance, etc., en milieu hospitalier, en PMI et dans les établissements privés de cure et de prévention, dans les ludothèques, les centres de loisirs...

Côté insertion professionnelle, pas de problème, mais il s'agit souvent de contrats à durée déterminée (CDD), 63 % seulement des contrats signés étant des CDI.

Les salaires varient sensiblement en fonction des secteurs d'activité. Ils s'échelonnent de 1 668 euros bruts en début de carrière à environ 2 750 euros bruts, dans la fonction publique.

UNE EXPÉRIENCE ATYPIQUE

Bénédicte Simonin a voulu devenir éducatrice de jeunes enfants après avoir travaillé pendant un an dans un préventorium, puis dans un foyer de l'enfance qui accueillait des enfants avec des troubles très graves. Aujourd'hui, elle témoigne de ses seize ans d'expérience professionnelle : « *J'ai eu plusieurs contacts concrets avec le métier avant de faire ma formation. La majorité des éducateurs de jeunes enfants s'orientent vers les crèches et les haltes-garderies. Moi, je tenais à aider les enfants atteints d'un handicap. Après mon diplôme, j'ai travaillé au centre d'audio-psychophonologie du professeur Thomatis avec des jeunes sourds. Et maintenant, j'exerce à l'hôpital de jour de Coulommiers, où je suis des enfants qui présentent de graves problèmes psychologiques. Je joue avec eux, je mets en place des ateliers de poterie, de danse, des groupes de musique.*

C'est avec toute l'équipe (médecin, psychologue, psychomotricien...) que nous élaborons des projets de soins individuels, servant de base à toutes les animations thérapeutiques. Tous les ateliers servent à établir ou rétablir la relation, la communication avec ces enfants coupés de la vie "normale". Pour exercer cette profession, il faut vraiment le vouloir, car il est nécessaire d'être à l'écoute, de savoir observer les réactions dans leurs moindres détails, des enfants bien sûr, mais aussi des parents. Il faut savoir se mettre à la bonne distance : être proche d'eux, mais aussi savoir s'arrêter en fin de journée pour retrouver sa vie personnelle », recommande Bénédicte Simonin. « *Le travail en équipe, c'est essentiel et tellement revivifiant quand on se laisse envahir par des élans de tristesse. Un conseil pour appréhender ce métier qui n'est pas toujours reconnu, mais qui apporte beaucoup : montrez-vous très disponibles quand vous débutez, mais trouvez le juste équilibre. Faites des expériences professionnelles dans les différentes structures d'accueil avant de choisir celle qui convient le mieux à votre sensibilité. »*

Formation et carrière

Pour exercer ce métier qui exige beaucoup de patience, une bonne dose de résistance physique et nerveuse et des qualités artistiques, il faut être titulaire du diplôme d'État d'éducateur de jeunes enfants proposé dans les écoles agréées par le ministère de la Santé et reconnu de niveau II (bac + 3).

Les conditions d'accès à l'un de ces centres de formation

L'admission se fait sur dossier et entretien *via* Parcoursup (et non plus sur concours). Pour présenter un dossier, il faut être titulaire du bac (ou équivalent) ou d'un diplôme, certificat ou titre inscrit au RNCP au moins de niveau bac (niveau IV).

Le déroulement des enseignements

La formation dure trois ans, dont 48 semaines de stage. Les cours comprennent l'accueil et accompagnement du jeune enfant et de sa famille, action éducative, communication professionnelle et dynamiques institutionnelles, interinstitutionnelles et partenariales. Elle peut aussi s'effectuer en alternance.

LES DÉBOUCHÉS DANS LA FONCTION PUBLIQUE

Pour devenir fonctionnaire de catégorie B, l'éducateur de jeunes enfants titulaire du diplôme d'État doit passer un concours sur titre avec épreuve d'entretien. Il peut travailler soit pour la fonction publique hospitalière, soit pour la Ville de Paris, soit pour la fonction publique territoriale.

▶ **Pour plus de renseignements :**

- Centre national de la fonction publique territoriale (CNFPT). 80, rue de Reuilly – CS 41232, 75578 Paris cedex 12. Tél. : 01 55 27 44 00. Internet : www.cnfpt.fr
- Ville de Paris. Internet : www.paris.fr/pages/le-recrutement-a-la-ville-de-paris-63

Évolution professionnelle

De plus en plus de postes de responsables de structure sont proposés aux éducateurs de jeunes enfants : coordinateur petite enfance, directeur de jardin d'enfants, de halte-garderie.
Les professionnels expérimentés peuvent préparer le DE d'ingénierie sociale, le certificat d'aptitude aux fonctions de directeur d'établissement ou de service d'intervention sociale (Cafdesis) en deux ans ou le certificat d'aptitude aux fonctions d'encadrement et de responsabilité d'unité d'intervention sociale (Caferuis).

▶ **Pour plus de renseignements :**

• Unaforis (Union nationale des associations de formation et de recherche en intervention sociale). 8, rue Mayran, 75009 Paris.
Tél. : 01 53 34 14 74. Internet : www.unaforis.eu

• Fédération nationale des éducateurs de jeunes enfants (FNEJE). 39, rue Félix-Thomas, 44000 Nantes. Tél. : 07 81 86 88 53.
Internet : www.fneje.com

• Actualités sociales hebdomadaires : www.ash.tm.fr

MÉDECIN DE PMI

Ce sont à l'origine des pédiatres, des gynéco-obstétriciens, des pédopsychiatres ou plus simplement des généralistes (70 % d'entre eux), qui ont choisi d'exercer dans une structure très particulière : la PMI. Centre d'accueil gratuit qui dépend depuis 1995 du Conseil départemental, la PMI apporte soins et conseils aux femmes et à leurs enfants.

Sa mission

Le médecin élabore des projets thérapeutiques et dirige son travail essentiellement sur la prévention et l'éducation des familles. Cela passe par des conseils sur la diététique, les vaccinations, la prévention des mauvais traitements sur les enfants… Plus globalement, le médecin participe à la conception, à la mise en œuvre et à l'évaluation de la politique de la collectivité en matière de santé publique, avec toute l'équipe de PMI (sage-femme, puéricultrice, psychologue…).

Un travail médical donc, qui se double souvent d'un rôle social et se développe en liaison avec de nombreux partenaires tels les services sociaux, les écoles maternelles, les centres médico-psychologiques…
On compte actuellement 1 705 médecins en santé publique et médecine sociale, mais la plupart de ceux qui exercent dans les PMI ont un statut précaire. Le nombre exact de vacataires est difficilement chiffrable (il y en aurait plus de 3 500), puisque pour beaucoup d'entre eux la PMI n'est qu'un travail à temps partiel complétant une activité libérale.
Les médecins de PMI reçoivent le salaire d'un fonctionnaire territorial de cadre A.

PRÉVENTION ET SOCIAL

Martine Israël est médecin spécialisé en santé publique, elle exerce dans une PMI en Seine-Saint-Denis.
« L'idée essentielle de notre travail repose sur la prévention : un généraliste en cabinet exerce toujours dans l'urgence des soins. Nous, nous avons le temps, nous suivons les familles sur le long terme, instaurons une continuité… Quand on travaille dans une PMI, il faut avoir une certaine ouverture à la dimension sociale : sens de la psychologie et du relationnel sont deux notions fondamentales pour décrypter certains symptômes, particulièrement chez l'enfant. Il faut se montrer disponible, faire preuve d'une grande capacité d'adaptation, ne pas avoir de préjugés : car nous recevons surtout des familles défavorisées. En PMI, il y a du travail, et l'avenir de la médecine se situe aussi dans ce type de structure.
Un conseil pour les jeunes étudiants en médecine : faites des stages pratiques en PMI, la réalité qu'on y côtoie est quand même très différente de celle que l'on voit à l'hôpital. Allez proposer de faire des remplacements en demandant au conseil général de votre département. Cette expérience complétera votre formation et vous sera utile même si vous exercez pour votre propre compte. »

Sa formation

Il faut d'abord être médecin généraliste, pédiatre ou gynéco-obstétricien, puis passer un concours national sur titre et épreuves. (Pour cela, se renseigner auprès du conseil général de son département, au CNFPT ou à la mairie de Paris.)

Pour devenir médecin, 9 à 12 années d'études sont requises.

À noter : à la rentrée 2020, le concours PACES disparaît. Pour s'orienter vers les professions de santé, il faudra désormais opter pour une licence option « accès santé » (LAS) ou une licence à parcours spécifique « accès santé », avec une option dans une autre disciplinc (PASS), aprcs lc bac.

▶ **Pour plus de renseignements :**

• Conseil national de l'Ordre des médecins.
Internet : www.conseil-national.medecin.fr

• Syndicat national des médecins de Protection maternelle et infantile. Internet : www.snmpmi.org

• CNFPT (Centre national de la fonction publique territoriale).
Internet : www.cnfpt.fr

SAGE-FEMME

Spécialiste de la grossesse et de la naissance, la sage-femme accompagne la femme enceinte : elle prescrit les échographies, les prises de sang et autres examens cliniques, met à jour le carnet de santé de la future maman, prend sa tension... De même, elle anime les séances de préparation à la naissance (relaxation, respiration, sophrologie...). Présente tout au long de l'accouchement, elle s'occupe du nouveau-né dès qu'il est sorti du sein maternel, le réceptionne, vérifie la mise en route de ses fonctions vitales, et fait des gestes de réanimation si besoin est, tout en continuant bien sûr à surveiller le rétablissement de la mère. La sage-femme apporte également de précieux conseils pour l'allaitement, l'hygiène du bébé, la vie du couple et plus généralement sur le lien mère-enfant.
C'est donc une profession qui demande endurance, sang-froid, résistance à la fatigue nerveuse et psychique, un métier où il faut assumer d'importantes responsabilités. Savoir se montrer à la fois ferme et disponible, avoir des facilités relationnelles et surtout ne pas avoir peur des charges de travail et des rythmes soutenus.

Une profession médicale stable

La France compte 22 812 sages-femmes inscrites à l'Ordre des sages-femmes, dont 62,6 % exercent à l'hôpital et 20,7 % en libéral exclusivement.

Certaines apportent des soins infirmiers et rendent visite aux femmes enceintes à leur domicile en mettant en avant leur rôle en matière de prévention, d'autres préfèrent travailler à leur propre compte. Ces dernières ont des missions un peu différentes, car elles ne font pratiquement plus d'accouchements. En revanche, elles assurent la rééducation périnatale, préparent à la naissance, suivent les grossesses normales ou « à risques », ainsi que la mère et son enfant après la naissance. Les sages-femmes peuvent également réaliser des consultations de contraception et assurer un suivi gynécologique de prévention (prescription de contraception locale et hormonale, pose des dispositifs intra-utérins).

Le taux de chômage reste faible dans cette profession, où les sages-femmes, qui ne trouvent pas un poste à la sortie de leur école, peuvent facilement effectuer des remplacements.

Une sage-femme de premier grade travaillant à l'hôpital gagne environ 2 057 euros bruts par mois en début de carrière et 3 247 euros bruts environ en fin de carrière (pour une sage-femme de premier grade). La rémunération mensuelle brute moyenne d'une sage-femme libérale avoisine 2 400 euros.

LA MAGIE DE LA GROSSESSE

Évelyne Mothé est directrice de l'école de sages-femmes de l'hôpital Saint-Antoine à Paris.

« J'ai toujours voulu être sage-femme, pour m'occuper de nouveau-nés. J'étais attirée par la magie de la grossesse, par le fait d'aider une jeune mère à passer les étapes. Après la naissance, en tant que sages-femmes, nous participons aussi à la constitution d'une famille, de nouvelles habitudes familiales. Pour ma part, j'ai toujours exercé à l'hôpital ou en clinique, jamais à domicile. Les qualités requises pour exercer ce métier ? Il faut avant tout allier humanisme et connaissances techniques, qualités relationnelles et logique scientifique. Avec le temps et l'expérience, on affine par exemple son écoute du désir des gens : aucun accouchement n'est jamais le même, et entre une mère et la sage-femme, une très forte relation s'établit l'espace de quelques instants. Au moment de l'accouchement, la sage-femme représente le savoir et l'image ancestrale.

C'est un beau métier que je ne conseille d'exercer que si l'on veut s'y engager pleinement. Sinon ce n'est pas la peine, et l'on risquerait de faire du mal psychologiquement aux femmes que l'on assiste.

Un conseil à celles qui se lancent dans la profession : maintenez toujours à jour vos connaissances, et construisez pendant vos études un véritable projet professionnel, pour trouver la structure la plus adéquate, la plus adaptée à votre sensibilité : hôpital, salle de travail, suite de couche... Quand vous aurez découvert votre terrain professionnel le plus naturel, vous serez entièrement heureuse dans cette profession. »

Cinq années de formation

Pour exercer cette profession accessible autant aux hommes (2,7 % des effectifs) qu'aux femmes, il faut être titulaire du diplôme d'État de sage-femme. Celui-ci se prépare à l'université (pendant un an), puis dans l'une des 39 écoles agréées par le ministère de la Santé. Anatomie, physiologie, puériculture, santé publique, obstétrique, gynécologie, reproduction, psychiatrie, pédiatrie... Cours théoriques et stages pratiques dans les services de médecine, maternité et chirurgie remplissent les journées des étudiants qui doivent valider les épreuves et stages et soutenir un mémoire en fin d'études.

À noter : à la rentrée 2020, le concours PACES disparaît. Pour s'orienter vers la profession de sage-femme, il faudra désormais réussir une première année de licence à parcours spécifique « accès santé », avec une option dans une autre discipline (PASS), après le bac.

Évolution professionnelle

Le diplôme de sage-femme donne la possibilité d'exercer d'autres professions, de la directrice de maison maternelle, de crèche collective ou de centre de PMI à la directrice d'école de sages-femmes, en passant par la puéricultrice. En se spécialisant, certaines peuvent aussi devenir infirmières anesthésistes, masseuses kinésithérapeutes, pédicures, ergothérapeutes, infirmières, etc. : leur diplôme d'État les dispense de certains modules.

INTÉGRER LA FONCTION PUBLIQUE

Pour intégrer la fonction publique territoriale et donc travailler dans des services communaux, départementaux ou des établissements publics, les sages-femmes titulaires du diplôme d'État doivent réussir un concours organisé par les CIG (centres interdépartementaux de gestion). Le succès au concours permet à la sage-femme de figurer sur une liste d'aptitude pendant un an, en qualité de fonctionnaire stagiaire.
À partir de là, la recherche d'emploi relève d'une démarche personnelle. Le lauréat a le choix : envoyer aux collectivités des candidatures spontanées, contacter le service Emploi du CIG de son département ou consulter le service www.rdvemploipublic.fr pour connaître les offres de postes.
Il y a aussi des postes dans la fonction publique hospitalière, où les concours sont organisés directement par les établissements hospitaliers.

► **Pour plus de renseignements :**

- Conseil national de l'Ordre des sages-femmes. 168, rue de Grenelle, 75007 Paris. Tél. : 01 45 51 82 50.
Internet : www.ordre-sages-femmes.fr
- Organisation nationale syndicale des sages-femmes. 38, rue Dunois, 75647 Paris cedex 13. Internet : https://onssf.org
- Association nationale des sages-femmes libérales. 9, avenue Quartz, 05120 L'Argentière-la-Bessée. Internet : http://ansfl.org

INFIRMIER

Il y a aujourd'hui 700 988 infirmiers en France (dont 13,3 % d'hommes), ce qui représente le plus grand corps médical de l'Hexagone. Bien sûr, tous n'exercent pas dans le secteur de l'enfance, mais du service pédiatrie ou néonatalogie dans les hôpitaux spécialisés pour enfants à la santé scolaire, les créneaux ne manquent pas pour s'occuper des petits.
Dans les différents secteurs du milieu hospitalier (65 % des effectifs travaillent dans un l'hôpital), les infirmiers assurent par leur présence un rôle primordial, puisqu'ils prennent en charge les soins techniques, tout en réconfortant les bébés ou les enfants par des gestes de tendresse et d'affection. Entièrement dévoués, ils doivent soutenir un

rythme de travail intensif (plus de douze heures par jour, gardes la nuit ou les week-ends).
À l'école, les infirmiers ont des horaires plus calmes, leurs missions relèvent davantage de la prévention (vaccins, dépistage de problèmes de vue, de poids...) et des soins quotidiens (bronchites, maux de gorge, entorses, chutes...).
Ce métier, plus que tous les autres, nécessite un grand investissement personnel et une forte motivation : le manque de reconnaissance et les faibles salaires en découragent plus d'un. Un infirmier en soins généraux débute avec un salaire d'environ 1 818 euros bruts mensuels dans la fonction publique hospitalière, pour atteindre 2 891 euros bruts au dernier échelon pour un IDE (infirmier diplômé d'État) de grade 2 – ISGS.

Un passage obligé : l'IFSI

Pour pouvoir exercer, un infirmier doit être titulaire du diplôme d'État. Les études se préparent dans un établissement public ou privé, agréé par le ministère de la Santé : un institut de formation en soins infirmiers (IFSI). D'une durée de trois ans, le cursus comporte 35 heures de cours et de TD par semaine et de nombreux stages, points forts de la formation, qui se déroulent en milieu hospitalier ou extra-hospitalier.

Quel IFSI ?

334 établissements publics, dont les écoles de l'Assistance publique (http://cfdc.aphp.fr) et un grand nombre d'écoles privées, qui comprennent notamment les établissements de la Croix-Rouge, mènent au diplôme d'État d'infirmier. Partout, les études sont gratuites.
► Pour obtenir la liste de tous ces établissements :
www.infirmiers.com

Les instituts de formation de l'Assistance publique (AP) ont cependant un avantage certain : des allocations d'études peuvent être proposées aux étudiants de deuxième ou troisième année. En contrepartie, les jeunes infirmiers doivent toutefois s'engager à servir l'AP pendant un an ou deux en fonction de la durée de l'allocation. Les écoles de la Croix-Rouge, elles, bénéficient d'un prestige international certain, une aubaine pour ceux qui s'orientent vers un travail à l'étranger ou qui veulent participer à des missions humanitaires.

Le recrutement

Depuis la rentrée 2019, les étudiants en soins infirmiers sont inscrits à l'Université et bénéficient d'un statut étudiant avec accès aux services universitaires. Le concours d'entrée en formation est supprimé. Les bacheliers désireux de s'inscrire dans un IFSI doivent désormais le faire *via* la plate-forme Parcoursup.

À noter : le diplôme d'État d'infirmier est reconnu au grade de licence.

Évolution professionnelle

Au fil des années, nombreux sont les infirmiers qui passent du public au privé, ou encore qui se spécialisent (bloc opératoire, anesthésiste…) ou qui, tout simplement, changent de service au sein même de leur hôpital. Certains, après quatre ans d'exercice, peuvent préparer un diplôme de cadre de santé. D'autres peuvent bifurquer et se lancer dans la profession de puéricultrice.

► Pour plus de renseignements :

• Fédération nationale des infirmiers. 7, rue Godot-de-Mauroy, 75009 Paris. Tél. : 01 47 42 94 13. Internet : www.fni.fr

• Plusieurs sites Internet utiles :

- www.infirmiers.com ;
- www.espaceinfirmier.fr

• Un salon annuel infirmier (en mai) : www.saloninfirmier.fr

• Un forum régional de l'infirmière libérale en PACA (tous les ans en février-mars) : www.forum-infirmiere-paca.fr

PARTIE II

À L'ÉCOLE

Fascinant, multicolore, familier et mystérieux à la fois, le monde de l'école abrite des équipes pédagogiques entièrement dévouées à l'épanouissement et à l'éveil personnel des enfants. Pour se munir des clés de la connaissance, se forger une personnalité curieuse et ouverte, les enfants ont bien sûr besoin d'enseignants, mais également d'autres professionnels capables à la fois de les soutenir et de les encadrer en cas de doutes et de leur ouvrir de nouveaux horizons indispensables à leur développement.
Côtoyant les professeurs classiques, les enseignants spécialisés sont investis, eux, d'une mission qui va au-delà de la transmission du savoir. Ils s'occupent d'enfants différents : handicapés, déficients intellectuels, enfants malades... auxquels ils donnent les bases de l'apprentissage scolaire, mais aussi et surtout qu'ils doivent aider à bien vivre leur enfance.

1 – L'ENSEIGNEMENT

PROFESSEUR DES ÉCOLES

La France compte aujourd'hui 870 904 enseignants du premier et second degré (chiffres 2019, ministère de l'Éducation nationale). Pour devenir professeur des écoles, il convient, après une licence, de suivre un master spécialisé dans les métiers de l'enseignement, de l'éducation et de la formation (MEEF), et de réussir le concours de recrutement de professeurs des écoles (CRPE) qui permet, après validation d'une année de stage, de devenir professeur des écoles.
Le candidat au concours doit donc justifier soit d'une inscription en master (1 ou 2) ou d'un diplôme de master ou équivalent.
Il doit en outre posséder la nationalité française ou être ressortissant d'un État membre de l'Union européenne, jouir de ses droits civiques et ne pas avoir subi de condamnation incompatible avec l'exercice des fonctions d'enseignant, être en position régulière au regard des obligations du service national et justifier des conditions d'aptitude physique requises.
Si tous ont la caractéristique d'être polyvalents dans l'organisation et l'enseignement de matières aussi variées que le français, les maths, l'histoire, les activités artistiques, ils doivent néanmoins faire face à des différences dans l'exercice de leur métier, en fonction de l'âge et du type d'enfants dont ils s'occupent. On les retrouve surtout dans les écoles maternelles (2 à 6 ans) ou élémentaires (6 à 11 ans), mais certains interviennent aussi dans des structures spécialisées dont les hôpitaux ou d'autres établissements adaptés.

À la maternelle : jouer, c'est essentiel

C'est l'âge des jeux, des déguisements et des dînettes. L'école est ici un lieu de socialisation, d'éveil ludique. Le professeur doit faire preuve d'imagination, de sensibilité et de patience, pour pouvoir contribuer au développement relationnel, intellectuel, culturel et corporel du jeune enfant. Il a un véritable programme à suivre. Son rôle est capital car il construit les fondations des apprentissages ultérieurs et de la perception qu'aura l'enfant du monde scolaire.

Une ambiance plus studieuse en primaire

À son entrée en CP, l'enfant se retrouve devant de vrais pupitres et apprend à compter, à lire et à écrire sur de vrais cahiers, avec de vrais stylos, comme chez les grands. Il y a encore les histoires, mais ici le but est avant tout d'accéder à une pratique efficace de la langue française, d'acquérir des méthodes de travail : organisation, capacité de mémorisation, initiation aux langues vivantes…
Le professeur d'une classe élémentaire doit suivre un programme et des horaires bien précis car sa mission est d'apporter à l'élève les éléments et les instruments fondamentaux du savoir. Français, mathématiques, histoire-géo, sciences expérimentales, arts plastiques, éducation sportive…

Certains professeurs des écoles interviennent aussi dans d'autres structures publiques comme les hôpitaux par exemple.
L'intervention des professeurs dans les hôpitaux tend à se développer : ce type d'exercice vient souvent compléter une activité principale dans un établissement scolaire.

AIDER AU QUOTIDIEN LES ENFANTS QUI SOUFFRENT

Marianne Cabaret, 34 ans, professeur certifié en histoire-géo, enseigne les mercredis, à l'hôpital Robert Debré à Paris, où les enfants sont pris en charge au niveau scolaire de la maternelle à la terminale.
« Ici, ce sont presque des cours particuliers. Parfois, quand les enfants, qui sont tous atteints de pathologies lourdes, réussissent à se lever, ils vont jusqu'à la salle aménagée pour les cours, mais c'est assez rare. »
Marianne intervient surtout dans les services hématologie et gastrologie. *« Il m'arrive cependant de faire cours dans des bulles de soins intensifs (notamment lorsqu'il s'agit d'enfants qui ont subi une greffe de moelle épinière) : il faut alors endosser un masque, une charlotte, stériliser les livres… Il est difficile pour le professeur de préparer une séquence à l'avance. Quand on arrive le matin, on ne sait jamais quel enfant on devra suivre, s'il aura aujourd'hui la capacité d'attention indispensable, quel sera son état de fatigue. J'ai évidemment un programme à respecter, mais les cours ne durent parfois qu'un quart d'heure et le type d'enseignement change en fonction de la durée d'hospitalisation des petits malades, de leur état de santé. En tout cas, nous essayons de maintenir le lien avec l'école où il est régulièrement inscrit, et nous travaillons en concertation avec l'institutrice principale, en adaptant le matériel pédagogique à chacun.*

Enseigner à l'hôpital, cela s'apprend petit à petit. Mais cela apporte beaucoup, et puis, quelle satisfaction quand on voit que l'on contribue réellement à les aider à guérir. On les distrait de leur quotidien sans les couper de leur école et ces enfants ont une grande soif d'apprendre. »

Devenir prof

Le cursus de l'Éducation nationale

Pour devenir professeur des écoles, il faut avoir le master métiers de l'enseignement, de l'éducation et de la formation 1er degré (MEEF) en poche et réussir le concours de recrutement de professeur des écoles (CRPE). Après leur réussite au concours les professeurs des écoles deviennent des fonctionnaires stagiaires en responsabilité. Ils effectuent un an de stage en alternance dans une école, pendant leur deuxième année de master.
Bon à savoir : il est possible de se présenter au concours dès la fin de la première année de master mais le recrutement définitif et la titularisation sont soumis à la validation de la deuxième année de master.

Leur salaire oscille entre 1 818 euros bruts mensuels en début de carrière (premier échelon du grade de professeur des écoles de classe normale) et 4 531 euros bruts par mois en fin de carrière (au dernier échelon du grade de professeur des écoles de classe exceptionnelle).

L'INSPE

Pour pouvoir exercer dans une école publique, le professeur est formé dans un Institut national supérieur du professorat et de l'éducation (INSPE, ex-ESPE).

L'admissibilité au concours de professeur des écoles se compose d'épreuves écrites en français et mathématiques. L'admission, elle, comprend : une épreuve orale de mise en situation professionnelle et un entretien à partir d'un dossier. En 2019, 9 636 postes étaient offerts au concours externe pour 74 391 candidats inscrits.

▶ **Pour en savoir plus,** vous pouvez consulter le système d'information et d'aide aux concours pour les enseignants (Siac) proposé par le ministère de l'Éducation nationale : www.education.gouv.fr/pid51/les-personnels-enseignants-d-education-et-les-psychologues.html et www.devenirenseignant.gouv.fr

Les Instituts nationaux supérieurs du professorat et de l'éducation (anciennement Écoles supérieures du professorat et de l'éducation – ESPE) accueillent les étudiants se destinant aux métiers du professorat et de l'éducation et proposent des formations de préparation aux concours de recrutement. Ils organisent également des actions de formation continue pour les personnels enseignants du premier et du second degré, les personnels d'éducation et les enseignants de l'enseignement supérieur.

Dans le privé

Pour enseigner dans le privé les concours sont les mêmes que dans le public.

▶ **Pour plus de renseignements :**

- Ministère de l'Enseignement supérieur, de la Recherche et de l'Innovation : www.enseignementsup-recherche.gouv.fr

Évolution professionnelle

Avec quelques années d'expérience, le professeur des écoles peut bifurquer vers plusieurs voies. Il a la possibilité de devenir directeur des écoles et d'assurer ainsi le bon fonctionnement d'un établissement et du corps pédagogique. Autre éventualité, après plusieurs années d'exercice dans le public, il peut passer le concours de recrutement des inspecteurs de l'Éducation nationale, ou bien décider de recevoir une formation spécialisée et devenir ainsi enseignant spécialisé pour suivre des enfants handicapés, malades ou en situation d'échec scolaire.
Psychologue de l'Éducation nationale, ou enseignant au collège sont également d'autres parcours possibles d'évolution de carrière.

DES ÉCOLES PAS COMME LES AUTRES

Certains professeurs peuvent choisir d'aller enseigner dans une école « différente » : laïcs, souvent bilingues, ces établissements sous contrat et hors contrat avec l'État proposent des méthodes pédagogiques originales. Certaines écoles (Steiner, La Neuville...) proposent une éducation vraiment très éloignée des programmes de l'Éducation nationale. Pour se former à ces méthodes particulières, les enseignants intéressés ont accès à des stages auprès des associations :

► **Contacts :**
- Pédagogie Freinet (enseignement public). Institut coopératif de l'école moderne. 10, chemin de la Roche Montigny, 44000 Nantes. Tél. : 02 40 89 47 50. Internet : www.icem-pedagogie-freinet.org
- Pédagogie Rudolf-Steiner. Fédération des écoles Steiner-Waldorf. 6, avenue Georges-Clemenceau, 69230 Saint-Genis-Laval. Tél. : 01 43 22 24 51. Internet : http://steiner-waldorf.org
- Méthode Montessori. 18, allée du Lac-Saint-André, 73382 Le Bourget-du-Lac. Internet : www.montessorienfrance.com

PROFESSEUR DES ÉCOLES SPÉCIALISÉ

Transmettre des savoirs à des enfants en échec scolaire, handicapés ou inadaptés, nécessite une forte motivation et un investissement personnel important. L'enseignant spécialisé maîtrise les techniques nécessaires à cet enseignement, il sait comprendre les besoins de ces enfants, adapter ses cours pour essayer de les rapprocher des conditions de scolarité des classes « normales », faciliter l'évolution des enfants, le désir de trouver leur place dans la société. Ses conditions de travail varient en fonction du type d'enfants aidés.

Des lieux d'exercice très variés

Les enseignants spécialisés de l'Éducation nationale peuvent enseigner dans des classes spécialisées implantées au sein d'écoles ordinaires : ce sont les unités localisées pour l'inclusion scolaire (Ulis) pour enfants handicapés, les classes de perfectionnement, les sections d'enseignement général et professionnel adapté (Segpa) des collèges.

On les retrouve aussi dans les établissements spécialisés comme les instituts médico-professionnels. Ils assurent leur mission également dans les écoles nationales de handicapés, comme l'INJA (Institut national de jeunes aveugles) pour les enfants déficients visuels ou les INJS (Instituts nationaux de jeunes sourds), pour les handicapés auditifs.

Certains exercent leur profession dans les hôpitaux de jour qui accueillent des enfants présentant des troubles graves du comportement et de la personnalité, ou encore dans le service d'éducation spécialisée et de soins à domicile (Sessad), où ils apportent sur place un soutien précieux.

Le professeur spécialisé doit être titulaire du certificat d'aptitude professionnelle aux pratiques de l'école inclusive – Cappei. Il a le même statut que les autres professeurs des écoles et donc le même salaire avec une indemnité annuelle supplémentaire de 844 euros bruts.

UN MÉTIER TELLEMENT GRATIFIANT...

Bertrand Sances est professeur des écoles spécialisé dans une Ulis à Lons (Pyrénées-Atlantiques). Après avoir exercé dans des centres pour handicapés mentaux en ayant simplement en poche son diplôme d'École normale (équivalent du MEEF), il a passé l'ancien équivalent du Cappei à Toulouse avant d'être nommé dans cette classe de primaire, qui accueille une douzaine d'élèves handicapés mentaux, âgés de 6 à 12 ans. Il nous raconte son expérience quotidienne.

« Je leur apprends à lire, à découvrir le milieu naturel par des balades, à se familiariser avec des notions telles que le temps ou l'espace. Je suis seul face à ma classe, mais parfois un psychologue, un orthophoniste ou un psychomotricien viennent compléter le travail.

Exercer avec ces enfants est très gratifiant ; bien sûr, ils mettent beaucoup plus de temps à apprendre que les enfants dits "normaux", mais ils y arrivent toujours. Je les connais tous très bien, les classes sont petites et je retrouve la plupart de mes élèves d'une année sur l'autre. Je remarque leurs progrès en regardant simplement l'évolution de leurs cahiers, et je me rends compte du rôle que nous avons en tant qu'enseignant, pour favoriser leur intégration sociale.

Pour être professeur spécialisé, il faut maîtriser aussi bien la théorie que ses émotions. L'affectif joue, certes, un rôle car on les encourage tous les jours, on les félicite, on les rassure, mais il faut être professionnel avant tout et se servir des outils théoriques mis à notre disposition par les différentes formations suivies. »

Un diplôme indispensable : le Cappei

Le site du ministère de l'Éducation nationale et de la jeunesse, Eduscol, explique : « *La formation préparant au certificat d'aptitude professionnelle aux pratiques de l'éducation inclusive (Cappei) est organisée à l'intention des enseignants du premier degré et du second degré de l'enseignement public, titulaires et contractuels employés par un contrat à durée indéterminée, exerçant sur un poste support de formation dans une école, un établissement scolaire ou un établissement ou service accueillant des élèves présentant des besoins éducatifs particuliers liés à une situation de handicap, de grande difficulté scolaire ou à une maladie, ou dans un établissement relevant du ministère de la Justice.* »

Le diplôme du Cappei

La formation est composée d'un tronc commun comportant six modules (enjeux éthiques et sociétaux ; cadre législatif et réglementaire ; partenaires : institutions et professionnels de l'accompagnement et du soin ; relations avec les familles ; besoins éducatifs particuliers et réponses pédagogiques ; personne ressource), d'un module de professionnalisation dans l'emploi et de deux modules d'approfondissement (troubles du spectre de l'autisme, troubles spécifiques du langage et des apprentissages, grande difficulté scolaire, troubles psychiques, troubles des fonctions cognitives, troubles auditifs, troubles visuels, troubles moteurs).
La formation dure 300 heures (réparties sur un an) et peut être complétée en formation continue (module d'initiative nationale) à raison d'une centaine d'heures supplémentaires.

Les épreuves de l'examen

L'examen du certificat d'aptitude professionnelle aux pratiques de l'éducation inclusive comporte trois épreuves :
- une séance pédagogique avec un groupe d'élèves d'une durée de 45 minutes, suivie d'un entretien d'une durée de 45 minutes avec le jury ;
- une présentation de 15 minutes d'un dossier élaboré par le candidat portant sur sa pratique professionnelle, suivie d'un entretien d'une durée de 45 minutes ;

• une présentation de 20 minutes d'une action conduite par le candidat témoignant de son rôle de personne ressource en matière d'éducation inclusive et de sa connaissance des modalités de scolarisation des élèves à besoins éducatifs particuliers, suivie d'un échange d'une durée de 10 minutes avec le jury.

▶ **Contacts :**

• Institut d'enseignement supérieur de formation et de recherche handicap et besoins éducatifs particuliers (INSHEA). 58-60, avenue des Landes, 92150 Suresnes. Tél. : 01 41 44 31 00.
Internet : www.inshea.fr

• Les Instituts nationaux supérieurs du professorat et de l'éducation (INSPE). Internet : www.devenirenseignant.gouv.fr

LES PROFESSEURS DES INSTITUTS NATIONAUX DE JEUNES SOURDS

Les professeurs des Instituts nationaux de jeunes sourds (INJS) sont recrutés par le biais de concours organisés par le ministère des Solidarités et de la Santé. Ils doivent être titulaires du master MEEF parcours enseignement et surdité.
Le master MEEF parcours enseignement et surdité sanctionne une formation de deux ans et est organisé par des centres agréés. Le recrutement se fait au niveau bac + 3 et s'adresse à des candidats qui sont parrainés par un établissement pour jeunes sourds.

▶ **Contact :** Centre national de formation des enseignants intervenant auprès des jeunes déficients sensoriels (CNFEDS). 378, rue de la République, 73000 Chambéry. Tél. : 04 79 75 85 78.
Internet : www.univ-smb.fr/cnfeds

De même à l'Institut national de jeunes aveugles (INJA), le recrutement des professeurs de lettres, sciences, géographie, mathématiques, etc. s'effectue par concours externes organisés pour chaque discipline. Pour se présenter, il faut avoir une licence.

▶ **Contact :** INJA. 56, boulevard des Invalides, 75007 Paris.
Tél. : 01 44 49 35 35. Internet : www.inja.fr

▶ **Pour plus de renseignements :** vous pouvez vous adresser au ministère de l'Éducation nationale, direction des Écoles, bureau des options d'intégration et d'éducation spécialisées : 110, rue de Grenelle, 75007 Paris. Tél. : 01 55 55 10 10.
Internet : www.education.gouv.fr

PROFESSEUR DE COLLÈGE

Il transmet un savoir et des méthodes, pour donner les moyens à ses élèves d'acquérir des connaissances. Contrairement au professeur des écoles qui est polyvalent, le professeur de collège est spécialisé dans une seule discipline qu'il enseigne à raison de 18 heures par semaine. Élargir sans cesse l'horizon de ses compétences, organiser son cours, le diversifier et le rendre attrayant font partie de la pratique de ce métier.
Au collège interviennent essentiellement les titulaires du Capes, parfois des agrégés, mais ces derniers se retrouvent surtout dans les lycées. Quoi qu'il en soit, il existe plusieurs catégories de professeurs dont l'emploi du temps, le statut et le salaire diffèrent.

Une étape à franchir : le Capes

Pour exercer dans un collège en tant que titulaire, il faut préalablement avoir passé le concours du Capes (certificat d'aptitude à l'enseignement du second degré) dans l'une des disciplines générales : maths, français, histoire-géo, langues..., qui est naturellement la matière que le futur professeur enseignera.
6 845 postes étaient proposés au concours à la session 2019 (dont 5 460 postes au concours externe).
Les conditions pour passer le concours national du Capes sont les mêmes que pour les professeurs des écoles à savoir être inscrit en master 1 minimum (voir détails plus haut).
Il comprend des épreuves écrites d'admissibilité et des oraux d'admission. Pour s'inscrire, il faut s'adresser au service des examens et concours du rectorat de son académie.
Les candidats peuvent se préparer dans un INSPE ou à l'aide de cours à distance.
Après avoir été reçu, le futur enseignant effectue un an de formation qui le prépare concrètement à l'exercice de son métier. Durant cette période, il a le statut de professeur stagiaire.
En ce qui concerne la rémunération en début de carrière, un professeur certifié de classe normale gagne 1 818 euros bruts par mois l'année de sa titularisation et 3 134 euros bruts en fin de carrière.

En 2019, 6 845 postes étaient offerts au concours du Capes externe et 33 490 candidats étaient inscrits à l'examen, 18 107 étaient présents à l'admissibilité, 5 460 ont été admis, ce qui correspond à un taux de réussite de 30 %.

Des réorientations possibles en cours de carrière

Le professeur certifié peut essayer de se présenter à l'agrégation pour changer de public et enseigner dans un lycée, une classe préparatoire aux grandes écoles ou en BTS. Ce concours, qui s'adresse aux titulaires d'un master ou aux professeurs du second degré, est beaucoup plus sélectif, même si le nombre de postes à pourvoir reste encore important. L'agrégé de classe normale gagne entre 2 099 euros bruts par mois en début de carrière et 3 889 euros en fin de carrière.

LES MAÎTRES AUXILIAIRES

On trouve aussi dans les collèges des maîtres auxiliaires, qui sont des agents non titulaires, recrutés de façon provisoire par les rectorats pour des remplacements. Ces « MA » (en jargon scolaire) doivent justifier d'une licence. Leur statut est cependant très précaire car ils ne sont pas sûrs d'avoir un emploi d'une année sur l'autre. Des concours de Capes spéciaux ont été organisés ces dernières années pour absorber les maîtres auxiliaires.

▶ **Pour se procurer les programmes des concours :**

• Réseau de création et d'accompagnement pédagogiques. 1, avenue du Futuroscope 86961 Futuroscope cedex. Tél. : 05 49 49 78 78. Internet : www.reseau-canope.fr

• Ministère de l'Éducation nationale.
Internet : www.education.gouv.fr

2 – L'ENCADREMENT ET L'ORIENTATION

DIRECTEUR D'ÉCOLE

Il veille à la bonne marche de l'école, anime l'équipe pédagogique et assure les relations avec les parents et les autorités locales… Le directeur d'école maternelle ou primaire est généralement un professeur des écoles qui a exercé pendant au moins trois ans.
Pour postuler, il s'inscrit sur une liste d'aptitude établie annuellement par le département. Sa candidature est liée à la décision d'une commission qui émet son avis après examen du dossier et entretien. Les candidats retenus reçoivent cinq semaines de formation avant la prise de fonction, puis trois jours de formation supplémentaires à la fin de la première année d'exercice.
Le salaire des directeurs d'école est équivalent à celui des instituteurs, auquel s'ajoute une indemnité qui varie selon l'importance de l'établissement.

LE PILIER SCOLAIRE

Isabelle Guérin est directrice d'école maternelle à Aix-en-Provence. Enseignante depuis plus de trente-quatre ans, elle assure aujourd'hui non seulement la gestion de la maternelle, mais aussi des actions de formation pour les professeurs à l'INSPE.
« J'aime enseigner aux jeunes enfants. Institutrice, j'ai d'abord passé un examen pour devenir maître formateur (à l'époque c'était le CAEAA, aujourd'hui rebaptisé le CAFIPEMF), ce qui m'a permis d'enseigner à des enfants, mais aussi à des professeurs stagiaires, dans une école annexe ou d'application. Ensuite, j'ai passé un concours pour être directrice dans une de ces écoles et pouvoir continuer mes actions de formation. Aujourd'hui, je suis enseignante déchargée, ce qui signifie que je n'enseigne plus aux enfants, mais simplement aux professeurs.
Le travail de directrice est très prenant. Il faut gérer l'école, le personnel bien sûr, mais aussi les inscriptions des enfants, leur répartition dans les classes. Il faut être à l'écoute des desiderata des parents, de l'équipe pédagogique, de la commune, on est en quelque sorte le chef d'orchestre. La directrice d'école doit tout voir, tout entendre, tout savoir, pour essayer de régler les petits conflits quotidiens, en tenant compte des différentes personnalités et des programmes à respecter. Tolérance, patience et calme sont trois qualités indispensables. »

CONSEILLER PRINCIPAL D'ÉDUCATION

En France, les conseillers principaux d'éducation exercent dans les collèges et les lycées, où ils animent et organisent la vie scolaire.

Ses fonctions

Chargé de veiller à la sécurité et au bon fonctionnement de l'établissement, tout en mettant en œuvre des projets éducatifs, le conseiller principal d'éducation prépare les emplois du temps des professeurs, contrôle les présences des élèves, leurs allées et venues, essaye de comprendre et de dialoguer avec les enfants qui laissent transparaître des difficultés particulières. Il travaille en liaison étroite avec les enseignants, afin d'assurer le suivi des élèves, et participe aux conseils de classe. Il est le pilier de l'établissement où il est affecté, un homme clé sans lequel la machine ne pourrait avancer.
Son salaire est le même que celui d'un professeur certifié : de 1 818 euros bruts mensuels en début de carrière à 3 134 euros au dernier échelon, pour un CPE de classe normale.

Sa formation

Organisé par le ministère de l'Éducation nationale, le concours de conseiller principal d'éducation (CPE) est ouvert aux titulaires d'un master 1 minimum. Cependant, pour être recrutés définitivement les lauréats doivent posséder un master MEEF, métiers de l'enseignement, de l'éducation et de la formation, mention encadrement éducatif. En 2019, 260 postes étaient offerts au concours externe de recrutement.
Au programme des épreuves d'admissibilité : une dissertation portant sur les connaissances acquises en sciences humaines, histoire et sociologie de l'éducation, psychologie de l'enfant et de l'adolescent, philosophie de l'éducation ou en sociologie, et l'étude d'un dossier portant sur les politiques éducatives. Les oraux d'admission comportent une mise en situation professionnelle et un entretien avec le jury.
Après réussite au concours, l'apprenti CPE effectue un stage d'un an dans un établissement. En parallèle, il suit des périodes de formation. À l'issue de ce cursus, il obtient le certificat d'aptitude aux fonctions

de conseiller principal d'éducation (CAFCPE) et est affecté dans un établissement.

Seule évolution de carrière possible, à moins de se réorienter complètement : si le CPE a cinq ans d'ancienneté, il peut passer le concours de personnel de direction 2e classe pour occuper le poste d'adjoint au chef d'établissement, puis chef d'établissement (source : Onisep).

UNE SPÉCIALISTE DU RELATIONNEL

Conseiller principal d'éducation au collège du Parc de Sucy-en-Brie, Patricia Pouliquen est en poste dans cet établissement après avoir été surveillante et professeur de français. Elle a choisi de s'orienter vers ce métier, séduite par son aspect relationnel et par le travail d'équipe. *« C'est une profession où la communication et l'écoute de l'autre comptent beaucoup, mais surtout il faut avoir envie d'aider les élèves à réussir. J'aime ce métier : il faut conseiller, garder son calme devant chaque situation et surtout ne pas juger. Sachez que lorsque des personnes, élèves ou adultes, franchissent la porte de votre bureau, c'est qu'automatiquement il y a un problème.*

En tant que CPE, je vis au contact de la réalité du collège en accueillant le matin les élèves, en étant présente au moment de la récréation. Quelqu'un a perdu une règle, un élève a été insolent avec un professeur, un autre n'a plus d'appétit… Je suis au courant de tous les détails de la vie scolaire, pour essayer de prévenir les dysfonctionnements éventuels et les gros problèmes avant que l'élève ne perde pied complètement.

Une grande partie de mon temps est occupée par le contrôle de l'assiduité : une activité qui prend pas mal de temps vu l'importance toujours plus grande de l'absentéisme dit "perlé". Contrôle des justificatifs, mesures de punition, convocation des familles… Je ne me limite tout de même pas à un simple rôle de flicage, mais j'essaye de parler à l'élève pour aller chercher la cause cachée de tel ou tel comportement et tirer le signal d'alarme si besoin est. Fort heureusement, je suis dans un collège privilégié, qui ne connaît pas de problèmes de violence ou d'intégration.

C'est avant tout un travail de groupe, puisque sans le chef d'établissement, les professeurs et les surveillants, le CPE ne pourrait rien faire. Certains vous diront que c'est une profession solitaire et routinière, je ne la ressens pas du tout comme ça, mais cela dépend bien sûr de la personnalité du CPE. »

PSYCHOLOGUE DE L'ÉDUCATION NATIONALE

Il remplace les conseillers d'orientation-psychologues et les psychologues scolaires, depuis la rentrée 2017. Le recrutement est divisé en deux spécialités : « éducation, développement et apprentissages » et « éducation, développement et conseil en orientation scolaire et professionnelle ».

Ses fonctions

La spécialité « éducation, développement et apprentissages » s'exerce auprès des écoliers (il s'agit de l'ancien psychologue scolaire), tandis que la spécialité « éducation, développement et conseil en orientation scolaire et professionnelle » s'exerce en collège et lycée (il remplace l'ancien conseiller d'éducation psychologue).
La mission du PsyEn à l'école primaire est *« d'agir en faveur du bien-être psychologique et de la socialisation des élèves pour faciliter l'acquisition de leurs apprentissages, et de participer à la prévention des risques de désinvestissement ou de rupture scolaires »* (Source : Éducation nationale). Son but est de développer l'intérêt et la motivation des élèves en difficulté.

Au collège et au lycée, la mission du PsyEn est de *« créer les conditions d'un équilibre psychologique des élèves favorisant leur réussite et leur investissement scolaires »*.
L'idée est d'accompagner les élèves dans l'élaboration d'un projet d'orientation. Il les informe et les guide en matière de formation et d'emploi : l'élève peut venir le consulter pour recevoir des renseignements sur son cursus présent ou à venir, exprimer ses projets et ses doutes scolaires, évaluer ses forces et faiblesses.
Le PsyEn est là avec son grand sens de l'écoute et du contact, pour observer, donner les moyens de réussir, participer à l'élaboration et à la réalisation des cursus scolaires, puis universitaires, des jeunes (en particulier les élèves en difficulté, en situation de handicap ou montrant des signes de souffrance psychologique). Il est également tenu de faire un travail de *« prévention et de remédiation du décrochage scolaire »*. Pour cela, il doit réactualiser continuellement ses connaissances.

Son métier s'exerce à la fois en solitaire, lorsqu'il reçoit les élèves en entretien individuel, et en équipe, car il travaille avec les documentalistes, les conseillers principaux d'éducation et les professeurs pour la mise en place de projets scolaires.
Son salaire en début de carrière s'élève à 1 818 euros bruts par mois. Il peut atteindre 3 134 euros bruts pour un psychologue de l'Éducation nationale de classe normale.

Sa formation

Pour exercer ce métier, il faut être titulaire d'un master en psychologie, avoir effectué un stage professionnel et réussir le concours de psychologue de l'Éducation nationale.

Le concours externe

Il est accessible aux titulaires :
- d'une licence en psychologie et d'une inscription en dernière année de master (M2) de psychologie comportant un stage professionnel ;
- d'un diplôme bac + 3 en psychologie délivré par un État de l'Union européenne ou de l'Espace économique européen, et d'une inscription en dernière année de master (M2) de psychologie comportant un stage professionnel ;
- d'une licence en psychologie et d'un master en psychologie comportant un stage professionnel ;
- de l'un des diplômes permettant de faire usage professionnel du titre de psychologue dont la liste est fixée par le décret du 22 mars 1990.

Le concours externe comporte deux épreuves écrites d'admissibilité communes aux deux spécialités :
- questionnement relatif à la connaissance du système éducatif et à la place de la psychologie dans l'Éducation nationale ;
- étude de dossier portant sur l'exercice de la fonction de psychologue de l'Éducation nationale dans le système éducatif.

Les candidats admissibles doivent présenter deux épreuves orales d'admission :

• analyse d'une problématique portant sur la contextualisation de l'action du psychologue de l'Éducation nationale ;
• étude d'une situation individuelle nécessitant une intervention du psychologue de l'Éducation nationale.

ANTICIPER LES DIFFICULTÉS DE L'ENFANT

Jacques est psychologue de l'Éducation nationale au sein d'un Rased. Après avoir accompli des études de psychologie, il a été pendant de longues années instituteur spécialisé dans des centres de soin. Aujourd'hui, il s'occupe de plusieurs écoles du IIe arrondissement parisien.

« Mon rôle est avant tout d'apporter du soutien aux enfants en difficulté. Pour cela, j'assure une présence régulière dans les établissements scolaires, les enfants me connaissent pour la plupart, car je circule dans les classes. Généralement, un enseignant me signale les difficultés d'un élève, plus rarement l'enfant vient m'interpeller à son initiative, mais il me faut toujours l'avis parental. Je réunis ensuite l'enfant et sa famille, pour faire le point et envisager un type d'aide. Dans cette profession, il faut savoir avant tout écouter, être disponible, avoir de l'endurance et surtout être capable de résister aux pressions d'efficacité immédiate que formule constamment le corps enseignant. C'est un métier prenant, car il faut une hygiène intérieure solide pour ne pas adhérer ni fusionner avec les problèmes des enfants.

Un conseil : ne focalisez surtout pas sur ce métier, car actuellement les probabilités d'être détaché sur un secteur géographique sont faibles. Entretenez toujours votre culture psychologique, réfléchissez, expérimentez votre œil pour anticiper la difficulté. Il est indispensable aussi de perfectionner ses techniques d'entretien avec les parents, car ce sont eux les leviers des dysfonctionnements des enfants. Chaque psychologue a sa propre façon de procéder ; pour ma part, je sais que ma pratique de la profession est plus audacieuse, plus pratique et dynamique, elle peut être appréciée ou non. »

DANS L'ENSEIGNEMENT PRIVÉ

Dans le privé, les psychologues exercent de la maternelle à la terminale, ils sont recrutés avec au minimum un master (psychologie de l'éducation en tête), et travaillent au sein d'équipes constituées par diocèses.

► **Pour plus de renseignements :** Anpec (Association nationale des psychologues de l'enseignement catholique). Internet : http://anpec.fr

▶ **Contacts :**

• Ministère de l'Éducation nationale :
www.education.gouv.fr/cid99001/les-concours-recrutement-des-psychologues-education-nationale.html#Les_conditions_d_inscription_aux_concours_de_recrutement de psychologues_de_l_education_nationale

• Portail national des professionnels de l'éducation :
http://eduscol.education.fr

3 – LA PRÉVENTION

MÉDECIN DE L'ÉDUCATION NATIONALE

Prévention et éducation

Ce professionnel de la santé ne soigne pas vraiment, il a plutôt une mission de prévention et d'éducation en matière de santé, en faveur de tous les enfants scolarisés. De la maternelle au lycée, il dresse des bilans de santé complets de l'élève pour dépister des troubles éventuels, organise des campagnes d'information collective à l'école (vaccinations, lutte contre le tabagisme ou l'alcoolisme...) et participe à la surveillance de l'environnement sanitaire de l'école (cantine, structures de sport...). Il a également une fonction importante de conseiller auprès des inspecteurs de l'Éducation nationale, des chefs d'établissements et des directeurs d'école.
Ce médecin est placé sous l'autorité du ministre de l'Éducation nationale. Pour ce qui est de sa rémunération, ce professionnel débute à 2 136 euros bruts mensuels (2e classe) et atteint 3 687 euros en fin de carrière (1re classe), sans compter les primes.

Des concours pour exercer

Pour accéder à la fonction un concours sur titres et travaux est ouvert à tous les « titulaires d'un diplôme certificat ou titre exigé, en application du 1er de l'article L.4111-1 du code de la santé publique, pour l'exercice de la profession de médecin, ou être titulaire d'une autorisation individuelle permanente d'exercice de la médecine » (source : site du ministère de l'Éducation nationale). Une fois reçus, les candidats sont nommés médecins stagiaires. Ils reçoivent une formation théorique d'un an à l'École des hautes études en santé publique de Rennes, d'une durée de 8 à 16 semaines, compte tenu de leur expérience professionnelle.
Le reste des postes est réservé en interne aux médecins titulaires ou contractuels de la fonction publique.

▶ **Pour plus de renseignements :**

• Rectorat de votre académie ou ministère de l'Éducation nationale. Internet : www.education.gouv.fr

• Syndicat national des médecins scolaires et universitaires (SNMSU). SNMSU-UNSA Éducation, 87 bis, avenue Georges-Gosnat, 94853 Ivry-sur-Seine cedex. Tél. : 01 58 46 14 80.
Internet : http://snmsu.unsa-education.org

• Ordre des médecins. Internet : www.conseil-national.medecin.fr

L'EHESP

Après avoir réussi le concours sur épreuves, les médecins généralistes doivent effectuer une formation à l'EHESP (École des hautes études en santé publique) de Rennes. Une formation indispensable pour développer leurs compétences en matière de conseil technique et leurs missions préventives auprès des enfants. L'objectif de cette formation est triple : *« approfondir l'expertise médicale (troubles des apprentissages, psychopathologies des enfants et adolescents, médecine du travail de l'élève) et l'expertise en santé publique dans le domaine de l'enfance et l'adolescence ; acquérir des méthodes et outils pour promouvoir la santé dans une perspective d'aide à la décision et de conduite de projets ; permettre l'appropriation du contexte politique, institutionnel et juridique lié à leur métier »*. Un mémoire vient clore le cursus.

▶ **Contact :** École des hautes études en santé publique. 15, avenue du Professeur-Léon-Bernard, CS 74312, 35043 Rennes cedex.
Tél. : 02 99 02 22 00. Internet : www.ehesp.fr

AGENT TERRITORIAL SPÉCIALISÉ DES ÉCOLES MATERNELLES (ATSEM)

Ce fonctionnaire de catégorie C de la filière « sanitaire et sociale », recruté par une collectivité locale assure l'accueil des enfants, l'entretien courant des bâtiments, la préparation des activités ludiques et pratiques. Actuellement en France, on recense environ 60 000 Atsem en activité.

Un poste clé de la maternelle

Au quotidien, il – ou plutôt elle, puisque 99 % des Atsem sont des femmes – s'occupe des petits, les met en confiance, les habille, les lave, les prépare pour la sieste, leur fait prendre les repas, distribue le goûter, les console, les câline, les écoute... Cette profession, qui se conjugue donc essentiellement au féminin, est un élément clé de la vie de la maternelle.
Il assiste souvent les enseignants pour certaines activités : il prépare et range le matériel (peinture, pinceaux, colle...), anime les jeux et les ateliers manuels, décore la salle de classe pour préparer des fêtes et accompagne les sorties.
En période de vacances scolaires, l'agent spécialisé est toujours là (cela dépend de l'endroit où il exerce, maternelle ou centre de loisirs), pour assurer le nettoyage et l'entretien des locaux. En fonction des communes où il est embauché, ses missions seront plus éducatives ou plus ménagères.
Résistant physiquement, il exerce souvent debout, dans le bruit des cris et des pleurs des enfants, sous le contrôle d'un enseignant responsable. En début de carrière, cet agent territorial gagne environ 1 537 euros bruts mensuels. Ce salaire atteint en fin de parcours un peu plus de 2 183 euros bruts pour un Atsem principal de 1re classe.

Sa formation

Pour présenter le concours externe, l'Atsem doit être titulaire du CAP accompagnement éducatif petite enfance (anciennement CAP petite enfance) ou d'une qualification reconnue comme équivalente (expérience professionnelle auprès de jeunes enfants, expérience de responsable d'une association, mère de plus de trois enfants) pour se présenter au concours qui consiste en un QCM de 20 questions (épreuve d'admissibilité) et en un entretien de motivation (épreuve d'admission). Les candidats admis sont inscrits sur une liste d'aptitude, ils peuvent être alors recrutés par la commune.

► **Pour plus de renseignements :** sur les dates et les modalités du concours, adressez-vous à votre mairie ou au centre de gestion de la fonction publique territoriale de votre département.

Le CAP accompagnement éducatif petite enfance se prépare en deux ans après une classe de troisième. Les enseignements généraux sont ponctués d'un stage d'au moins 12 semaines.
Avec une formation complémentaire, l'Atsem a la possibilité d'évoluer vers des métiers voisins comme l'auxiliaire de puériculture ou l'aide-soignant.

► **Contacts :** CNFPT (Centre national de la fonction publique territoriale). 80, rue de Reuilly, CS 41232, 75578 Paris cedex 12. Tél. : 01 55 27 44 00. Internet : www.cnfpt.fr (pour obtenir les coordonnées de votre centre de gestion).

MUSICIEN INTERVENANT À L'ÉCOLE

Éveiller le sens musical de l'enfant, développer sa fibre artistique et le guider dans sa découverte des sons et des rythmes… le musicien qui intervient ponctuellement dans une classe de maternelle ou de primaire, à la demande de l'enseignant, aspire à stimuler l'inspiration artistique des petits, tout en respectant leur spontanéité et leur créativité. Il arrive muni de tout un attirail captivant : bâton de pluie, flûtes de pan, grattoirs, percussions, maracas, autant d'instruments que les enfants saisissent, touchent et apprennent à connaître.

Miniconcerts improvisés, comptines et autres chansons font partie intégrante du programme de découverte musicale, que ce professionnel doit sans cesse adapter en fonction des souhaits des enseignants et des réactions des enfants. Généralement cet emploi n'offre pas de stabilité, car ce musicien travaille en indépendant : il doit donc essayer de multiplier ses employeurs.

DANS L'AIR DU TEMPS...

Flûtiste diplômée du conservatoire, Denise Blanc est intervenue pendant quinze ans dans les écoles, une activité associant musique et enfance, ses deux passions. Aujourd'hui responsable des relations extérieures à l'association Les Musicoliers, elle nous parle de son expérience dans les classes.

« J'ai toujours exercé à Paris et en région parisienne, de la maternelle au CM2. Lors de mes interventions, les enfants sont entièrement acteurs de leur séance, dans le but de développer autant leur écoute que leur geste musical. Ils s'emparent des instruments, les touchent, les manipulent, en découvrent leur sonorité. Mon travail porte aussi sur le chant, la voix, l'improvisation, la mise en musique des phrases, leur rythme. Je construis avec les enfants des instruments, je leur raconte l'histoire de la musique, des compositeurs et des œuvres musicales, toujours de façon ludique et en suivant le projet pédagogique de l'enseignant.

C'est un métier prenant et fatigant, mais tellement gratifiant émotionnellement. Pendant les séances, on n'a pas une seconde de répit, les enfants vous demandent 100 % d'écoute. L'intervention dans une classe est préparée à l'avance, bien sûr, mais il faut être adaptable et perceptif, sentir l'intérêt de votre public, et improviser la plupart du temps. »

Sa formation

Un musicien a plus de chance d'intervenir en milieu scolaire, s'il est muni du diplôme universitaire de musicien intervenant à l'école (DUMI). Ce titre se prépare en deux ans dans un centre de formation spécifique, où le musicien de bon niveau apprend à développer les capacités pédagogiques et musicales adéquates.

La formation délivrée par les CFMI (Centre de formation des musiciens intervenants à l'école) s'adresse à des candidats possédant un bac et deux années d'expérience professionnelle et un niveau d'études musicales équivalent à un diplôme d'école de musique (fin de 3e cycle de conservatoire). Cours théoriques et stages pratiques s'y côtoient.

Pour être admis dans un CFMI, le candidat passe une première sélection sur dossier, suivie de tests musicaux et d'entretiens qui permettent au jury d'évaluer l'expérience et les qualités personnelles du candidat.
Après obtention du diplôme (niveau II niveau licence), ces musiciens qui n'appartiennent pas au personnel de l'Éducation nationale doivent trouver des employeurs : mairie, association, centre culturel, MJC, centres de vacances, hôpitaux... Ils peuvent, s'ils le souhaitent, faire carrière et gagner une certaine stabilité, passer le concours d'assistant d'enseignement artistique spécialité musique (catégorie B) : leur mission consistera alors à prêter main-forte aux professeurs de musique. (Vous trouverez la liste des CFMI dans le carnet d'adresses.)

► **Pour plus de renseignements** sur les concours de la fonction publique territoriale :
- CNFPT (voir ci-dessus) ;
- Mairie de Paris.

Internet : www.paris.fr/pages/le-recrutement-a-la-ville-de-paris-63

UNE ASSOCIATION ORIGINALE : MUSIQUE ET SANTÉ

Créée il y a vingt ans, cette association organise des concerts dans les différents services des hôpitaux français et même européens !

► **Contact :** Musique et Santé. Hameaux du Château-Vert, 27, placette Dronte, 83110 Sanary-sur-Mer. Tél. : 04 94 07 76 19. Internet : www.musique-sante.org

INTERVENANT POUR L'ENSEIGNEMENT DES LANGUES ÉTRANGÈRES

Par l'intermédiaire de jeux et de mises en situation, l'intervenant en langue privilégie la communication orale. Il développe ainsi les capacités de compréhension des élèves, il leur apprend les expressions et le vocabulaire de base pour s'exprimer au quotidien et les éveille à d'autres cultures. Ouvert, créatif et surtout à l'écoute, il monte des projets en partenariat avec les enseignants. Il peut aussi avoir la charge d'organiser des échanges internationaux.

L'intervenant en langue travaille dans plusieurs écoles et comme le musicien, il a un statut d'indépendant. La maîtrise des langues vivantes étrangères est une des priorités du ministère de l'Éducation nationale, et l'enseignement des langues s'effectue à partir du CE1 à raison d'1 h 30 hebdomadaire. L'intervenant est généralement recruté pour une année scolaire et travaille à temps partiel (environ 18 heures par semaine).

L'habilitation

Les intervenants ont plus de chance d'être recrutés par les collectivités locales ou les inspections académiques s'ils sont locuteurs natifs ou diplômés en langues. L'habilitation a lieu avant la prise en charge effective de l'enseignement. Elle consiste en un entretien permettant de vérifier les compétences linguistiques et pédagogiques du candidat. Pour les compétences linguistiques, on évalue la capacité de compréhension (écoute et restitution d'un document sonore ou audiovisuel) et d'expression orale (entretien en langue vivante étrangère). Pour les compétences didactiques, on vérifie la bonne connaissance des textes officiels et le candidat doit lire un document en langue vivante étrangère de son choix, susceptible d'être utilisé en classe.

À noter : de plus en plus de professeurs des écoles obtiennent une habilitation à enseigner une langue étrangère à leurs élèves, ce qui réduit considérablement les besoins d'intervenants extérieurs.

▶ **Pour plus de renseignements :** adressez-vous au rectorat de votre académie ou au ministère de l'Éducation nationale.
Internet : www.education.gouv.fr

PARTIE III

GUÉRIR ET SOUTENIR

Ils entourent, soignent ou rééduquent… Lorsqu'un enfant souffre physiquement ou mentalement, qu'il présente des dysfonctionnements affectifs ou des troubles psychologiques, ces professionnels sont toujours là pour apporter soutien et réconfort, contribuer à sa resocialisation, empêcher que l'enfant ne se coupe du monde. Demandant une bonne dose de patience, une grande énergie physique et nerveuse et de la finesse, ces métiers ne peuvent s'improviser, ils nécessitent une solide formation théorique et beaucoup d'expérience. Malgré des origines et des lieux d'exercice très disparates, tous les acteurs de la santé qui travaillent pour la plupart en équipe, ont la même mission capitale : assurer le bien-être des enfants, les aider à surmonter leur handicap, les épauler dans la construction de leur vie d'adulte. Généreux et endurants, ils se dédient tous à leur tâche avec passion, car on ne peut se lancer dans ces professions à la légère…

1 – ÉDUCATEUR SPÉCIALISÉ

Avec environ 65 000 éducateurs spécialisés qui concourent aujourd'hui à l'éducation d'enfants, d'adolescents ou au soutien d'adultes présentant des déficiences physiques, psychiques ou des difficultés d'insertion, cette profession, masculine à l'origine, mais aujourd'hui fortement féminisée, est devenue la plus importante en nombre du secteur social. En construisant une relation de proximité, l'éducateur spécialisé aide les personnes à restaurer ou à préserver leur autonomie, à acquérir davantage de confiance en eux. Pour les enfants, cela passe par le biais d'activités d'éveil ou manuelles. L'éducateur travaille aussi au niveau de la prévention : dépistage des handicaps, de la délinquance ou de la toxicomanie. Son action se situe à la croisée du champ scolaire et de celui du social, de la santé et de la protection judiciaire de la jeunesse.
L'éducateur spécialisé est surtout employé par des associations, des collectivités locales (communes), les services d'action éducative en milieu ouvert... On le retrouve dans les Instituts médico-pédagogiques (IMP), les centres de rééducation, les maisons d'enfance à caractère social, les foyers, les hôpitaux de jour... 80 % des éducateurs spécialisés travaillent dans le secteur associatif privé. Les autres sont employés dans la fonction publique.
Les débouchés les plus importants sont dans les IMP, les internats et la prévention spécialisée.

UN SUIVI AU JOUR LE JOUR

En fonction des lieux d'exercice, le travail de l'éducateur spécialisé peut changer énormément, même s'il rencontre toujours des personnes en difficulté pour mettre en place un suivi individuel et des activités précises.
En « internat » (foyers d'accueil, institut médico-éducatif, ateliers protégés, hôpitaux de jour...) par exemple, ce « technicien de la relation éducative » assiste au quotidien les personnes incapables de se prendre en charge, il les épaule, écoute leurs souffrances, en accompagnant les enfants, même au niveau scolaire.

On remarque ces dernières années un accroissement des postes en milieu ouvert, c'est-à-dire en dehors des murs d'une institution, où ces « thérapeutes du quotidien » jouent essentiellement un rôle préventif : club de prévention, aide sociale à l'enfance, centres sociaux, lieux de vie... Dans le cadre d'associations d'assistance éducative en milieu ouvert (AEMO) par exemple, ils s'occupent des enfants maintenus à domicile. De même, on les retrouve en tant qu'éducateur de rue dans certains quartiers où ils sont présents sur le terrain, y compris les soirs et les week-ends, pour rencontrer les jeunes désorientés et les aider à résoudre leurs problèmes affectifs ou d'intégration sociale, en leur proposant notamment des activités.
Le salaire brut mensuel est compris entre 1 600 et 2 600 euros (hors primes) dans le privé. Dans la fonction publique hospitalière, un assistant socio-éducatif de classe normale touche entre 1 668 et 2 502 euros bruts mensuels.

Pour exercer cette profession, il faut être créatif, avoir le sens des responsabilités et porter une grande attention aux problèmes sociaux et humains. Ce métier difficile nécessite un engagement indiscutable, des nerfs solides et énormément de patience.
L'éducateur spécialisé n'agit jamais seul, mais avec différents partenaires, d'autres éducateurs du quartier, des animateurs, des psychiatres, des enseignants, les conseils communaux de prévention de la délinquance... C'est toujours avec une équipe pluridisciplinaire qu'il met en place, pour chaque enfant, un projet éducatif et évalue les progrès accomplis.

SA FORMATION

Pour pouvoir exercer dans le métier, il faut être titulaire du diplôme d'État d'éducateur spécialisé délivré par le ministère de l'Éducation nationale. La formation sur trois ans, dans un centre de préparation spécialisé (voir le carnet d'adresses), est accessible au niveau bac et l'admission se fait sur dossier et entretien *via* Parcoursup.
Elle comprend une partie théorique (1 450 heures) composée de quatre domaines de formation : accompagnement social et éducatif spécialisé, conception et conduite de projet éducatif spécialisé, communication professionnelle, implication dans les dynamiques

partenariales et interinstitutionnelles et quinze mois de stage dans des structures diverses. La formation est sanctionnée par le diplôme d'État délivré par le ministère de l'Éducation nationale. Au menu de l'examen final : une épreuve orale de soutenance d'un dossier de pratiques professionnelles, une épreuve écrite d'étude de situation, une soutenance orale d'un mémoire, un entretien à partir d'un journal d'étude clinique, une validation d'écrits professionnels, une épreuve écrite sur les dynamiques institutionnelles et un entretien à partir d'un dossier sur le travail en partenariat et en réseau.
Les aspirants éducateurs spécialisés qui ne souhaitent pas passer par une école spécialisée ont une autre possibilité : des Instituts universitaires de technologie (IUT) assurent une formation préparant au DUT carrières sociales, option éducation spécialisée, et au diplôme d'État d'éducateur spécialisé.

À noter : depuis la rentrée 2018, le diplôme d'État d'éducateur spécialisé est reconnu de niveau II (bac + 3) et confère le grade de licence.

► Contacts :

- IUT de Nice-Côte d'Azur. 41, boulevard Napoléon-III, 06206 Nice cedex 3. Tél. : 04 97 25 82 00.
Internet : http://unice.fr/iut/presentation/accueil
- IUT de Rouen. 1, rue Thomas-Becket, 76821 Mont-Saint-Aignan cedex. Tél. : 02 32 29 15 03. Internet : http://iutevreux.univ-rouen.fr
- IUT Grenoble-Alpes. 2, place du Doyen-Gosse, 38031 Grenoble cedex. Tél. : 04 76 28 45 09.
Internet : https://iut2.univ-grenoble-alpes.fr/accueil-iut2-v02-200723.kjsp
- IUT de Toulouse-Jean-Jaurès. Avenue de Nayrac, 46100 Figeac. Tél. : 05 65 50 30 60. Internet : https://iut-figeac.univ-tlse2.fr
- IUT d'Angers. 4, boulevard Lavoisier – BP 42018, 49016 Angers cedex. Tél. : 02 44 68 87 00.
Internet : www.univ-angers.fr/fr/universite/campus-de-cholet.html
- IUT B de Lille III. 35, rue Sainte-Barbe, BP 70460, 59208 Tourcoing cedex. Tél. : 03 20 76 25 00. Internet : www.univ-lille.fr
- IUT Paris-Nanterre. 200, avenue de la République, Bât. 3, bureau 210, 92000 Nanterre. Tél. : 01 40 97 72 00.
Internet : http://cva.parisnanterre.fr

ÉVOLUTION PROFESSIONNELLE

Au fil des années, s'il réunit les conditions d'ancienneté, l'éducateur spécialisé du service public peut devenir chef de service éducatif, chef de projet « quartiers », ou directeur d'établissement social et dans ce cas passer le CAFDES (certificat d'aptitude aux fonctions de directeur d'établissement ou de service d'intervention).
Par ailleurs, les éducateurs spécialisés justifiant de plusieurs années d'exercice professionnel ont également la possibilité de préparer le diplôme d'État d'ingénierie sociale (DEIS).

DANS LA FONCTION PUBLIQUE

Il est possible d'intégrer la fonction publique en tant qu'éducateur spécialisé de la fonction publique hospitalière. Pour obtenir plus de renseignements, vous pouvez contacter les établissements hospitaliers publics. Il est également possible d'intégrer la fonction publique territoriale.

▶ **Contact :** ministère des Solidarités et de la Santé.
Internet : https://solidarites-sante.gouv.fr

Un concours d'éducateur de la Protection judiciaire de la jeunesse est organisé par le ministère de la Justice. Il s'agit de travailler avec des jeunes en difficulté, en les aidant à reconstruire les liens entre le jeune et sa famille, en facilitant sa réinsertion dans la société.

▶ **Contacts :**
- Ministère de la Justice, Protection judiciaire de la jeunesse. 13, place Vendôme, 75042 Paris cedex 1. Tél. : 01 44 77 60 60. Internet : www.justice.gouv.fr
- École nationale de protection judiciaire de la jeunesse (ENPJJ) : 16, rue du Curoir, 59100 Roubaix. Tél. : 03 59 03 14 14. Internet : www.enpjj.justice.fr

Ceux qui veulent se présenter au concours d'assistant socio-éducatif peuvent s'adresser aux organismes suivants :
- La préfecture de police de Paris. Internet : www.prefecturedepolice.interieur.gouv.fr/Nous-connaitre/Recrutement/Les-corps-de-metiers/Filiere-medicale-paramedicale-et-sociale#ancre-1
- Mairie de Paris. Internet : www.paris.fr/pages/le-recrutement-a-la-ville-de-paris-63
- Le CNFPT (pour le concours d'assistant socio-éducatif territorial). 80, rue de Reuilly, CS 41232, 75578 Paris cedex 12. Tél. : 01 55 27 44 00. Internet : www.cnfpt.fr

▶ **Pour plus de renseignements :**

• Centre d'études, de documentation, d'information et d'actions sociales (Cedias), Musée social. 5, rue Las Cases, 75007 Paris.
Tél. : 01 45 51 66 10. Internet : www.cedias.org

• Ou bien renseignez-vous auprès d'un centre régional d'études, d'actions et d'informations en faveur des personnes en situation de vulnérabilité (CREAI) (voir le carnet d'adresses).

À lire : Actualités sociales et hebdomadaires.
Internet : www.ash.tm.fr

2 – ÉDUCATEUR TECHNIQUE SPÉCIALISÉ

Il est à la fois éducateur et spécialiste d'une technique professionnelle qu'il transmet aux personnes dont il a la charge. Par ses enseignements, il favorise l'épanouissement et l'insertion professionnelle des enfants ou des adultes inadaptés ou handicapés : il restructure la personnalité, aide à rétablir une communication avec autrui et intègre ou réintègre la personne dans le monde du travail. Il œuvre toujours au sein d'une équipe pluridisciplinaire.
Aujourd'hui, environ 4 800 éducateurs techniques spécialisés exercent dans tous les lieux d'accueil des jeunes ou adultes inadaptés : instituts médico-professionnels, centres d'aide par le travail, ateliers protégés, centres de rééducation, hôpitaux, entreprises d'insertion...
Pour exercer cette profession, il faut avant tout posséder un métier de base, vouloir transmettre des savoirs et un savoir-faire.
En fonction du lieu d'exercice (fonction publique hospitalière, établissements spécialisés, privé ou public...), l'éducateur technique spécialisé commence sa carrière au Smic. Dans la fonction publique, le salaire mensuel de départ est de 1 668 euros bruts (hors primes).

SA FORMATION

Pour pouvoir exercer, il faut être titulaire du DEETS (diplôme d'État d'éducateur technique spécialisé). L'Onisep recense 26 établissements proposant cette formation accessible aux candidats après un bac. Les études durent trois ans (niveau bac + 3) et s'articulent entre quatre domaines de compétences : accompagnement social et éducatif spécialisé, conception et conduite d'un projet éducatif et technique spécialisé, communication professionnelle, implication dans les dynamiques partenariales, institutionnelles et interinstitutionnelles. Des stages sont également au programme. Le diplôme se déroule en plusieurs épreuves : épreuve orale sur les pratiques professionnelles, soutenance d'un mémoire, entretien à partir d'un journal d'étude clinique.

ÉVOLUTION PROFESSIONNELLE

Muni de son DEETS un éducateur technique spécialisé a la possibilité par exemple de préparer le diplôme d'État d'ingénierie sociale (DEIS) ou le certificat d'aptitude aux fonctions d'encadrement et de responsable d'unité d'intervention sociale (Caferuis).
La fonction publique offre également une possibilité de débouché : un concours sur titres d'éducateur technique spécialisé est organisé au sein de la fonction publique hospitalière. Pour plus de renseignements, adressez-vous à l'ARS de votre région (coordonnées dans le carnet d'adresses).

► **Pour plus de renseignements :**

- Agence régionale de santé. Internet : www.ars.sante.fr
- Vous pouvez aussi contacter les CREAI (centres régionaux d'études, d'actions et d'informations en faveur des personnes en situation de vulnérabilité). Vous trouverez leurs coordonnées dans le carnet d'adresses.

3 – MONITEUR-ÉDUCATEUR

Comme l'éducateur spécialisé avec lequel il travaille main dans la main, le moniteur éducateur accompagne l'enfant, l'adolescent ou l'adulte qui présentent des déficiences mentales, des troubles du caractère ou des handicaps, dans le but de les réinsérer. Ils participent à l'éducation et au soutien des personnes inadaptées, au sein des structures d'accueil qui leur sont réservées : instituts médico-éducatifs, internats, foyers, maisons d'accueil spécialisées... Actuellement, les moniteurs éducateurs sont moins diplômés que les éducateurs spécialisés et également moins bien rémunérés. Ces deux professions devraient théoriquement se compléter, mais dans la pratique, elles se concurrencent. Les moniteurs éducateurs ont pris du poids ces dernières années, car les employeurs préfèrent les embaucher plutôt que de recruter des éducateurs spécialisés qui coûtent plus cher. Ils sont d'ailleurs devenus les spécialistes de l'internat et de l'encadrement de la vie quotidienne : ils assistent les enfants ou les adolescents tout au long de la journée, même pendant les repas, ils les réveillent, les habillent si ces jeunes vivent dans des foyers ou des maisons d'enfants... L'investissement personnel et une bonne dose d'énergie sont de rigueur.
Son salaire varie selon les statuts. Dans la fonction publique, le traitement mensuel est compris entre 1 607 et 2 357 euros bruts au dernier échelon du grade de moniteur-éducateur. Dans le secteur privé, régi par la convention collective de l'enfance inadaptée, les salaires varient en externat (primes non comprises) du Smic à 2 300 euros bruts.

LE CŒUR SUR LA MAIN

Depuis ses années de fac, Hélène Resch a toujours voulu s'occuper d'enfants, sans pour autant souhaiter devenir enseignante. Avant d'intégrer une école de moniteur éducateur, elle avait déjà effectué plusieurs stages auprès de jeunes dits « cas sociaux », ce qui lui avait permis de se rendre compte des réalités du travail au sein de l'Éducation spécialisée. Travaillant aujourd'hui dans un institut médico-éducatif près de Lyon, elle évoque cette profession prenante et « riche » à la fois.
« Les deux premières années qui ont suivi ma formation, je me suis occupée d'enfants placés dans un internat par les services sociaux.

Ensuite j'ai travaillé, avec mon mari, dans une unité familiale en tant que "couple éducatif" au sein d'un établissement à caractère sanitaire et social. Cette expérience de quatre ans était en quelque sorte une aventure, un engagement qui nous a demandé un investissement personnel et professionnel important. Nous partagions ainsi sans relâche le quotidien de sept enfants âgés de 5 à 17 ans, tous en situation familiale, affective et psychologique difficile. Nous avions la lourde et délicate mission d'assurer leur prise en charge éducative, de les aider à grandir en tenant compte de leur histoire. Dans cet accompagnement, j'ai veillé à offrir à ces enfants un quotidien stable et sécurisant. J'étais très attentive à leur scolarité, car je crois qu'un bon cursus scolaire peut les aider à s'en sortir et à s'intégrer dans la société. C'est en tout cas ce qui s'est produit pour quatre de ces jeunes... Une belle récompense pour eux et pour nous ! Au cours de cette expérience, j'ai pris conscience de toute la portée de ce métier, en allant au cœur du travail éducatif.

Après ces années, j'ai eu le désir de m'orienter dans le secteur psychiatrique.

Ainsi depuis 1991, je travaille avec des jeunes déficients mentaux profonds et des polyhandicapés. La prise en charge éducative est bien spécifique, il m'a fallu du temps pour comprendre et aider ces jeunes démunis sur le plan psychique, moteur et social.

Le travail de moniteur éducateur consiste à accompagner au quotidien des sujets dans la souffrance. Ces temps de la vie ordinaire peuvent être lourds, inconfortables. Il est important de les partager avec l'équipe éducative, de réfléchir ensemble à un projet éducatif. C'est avant tout un métier de relation, où il faut avoir une certaine capacité d'adaptation, d'observation, de réflexion et d'analyse. Et bien sûr, aimer le travail en équipe. C'est surtout une profession qui s'apprend... la pratique et le savoir clinique sont nos outils de base.

Aux jeunes qui désirent exercer dans ce domaine, je conseille d'acquérir un peu d'expérience sur le terrain (colonies, centres de vacances...) avant d'entrer en formation, pour bien se rendre compte s'ils sont faits pour ça. Personnellement, il me reste encore beaucoup à apprendre... »

SA FORMATION

Les moniteurs-éducateurs sont titulaires du diplôme d'État de moniteur-éducateur, le DEME. Ce diplôme se prépare en deux ans.

Conditions d'accès

Aucun niveau d'études n'est nécessaire pour se présenter à la formation, mais chaque centre organise sa propre sélection d'entrée.

Vous ne serez pas tenu de passer l'épreuve écrite si vous disposez d'un diplôme de niveau IV du secteur sanitaire et social, du diplôme d'état d'accompagnant éducatif et social spécialité accompagnement de la vie en structure collective, du diplôme d'État de technicien de l'intervention sociale et familiale ou du diplôme d'État d'assistant familial. Ensuite, un oral devant un jury permet d'évaluer la motivation, la maturité et la capacité d'adaptation des candidats. Compte tenu du nombre de postulants qui se pressent aux portes des centres de formation, il vaut mieux s'inscrire un, voire deux ans à l'avance.

Contenu des enseignements

Ils sont divisés en quatre domaines de compétences :
• accompagnement social et éducatif spécialisé ;
• participation à l'élaboration et à la conduite du projet éducatif spécialisé ;
• travail en équipe pluri-professionnelle ;
• implication dans les dynamiques institutionnelles.
Les élèves doivent suivre des cours théoriques et 28 semaines de stage dans le secteur de l'éducation spécialisée. On obtient le DEME après réussite à l'examen final.
En cours de carrière, le moniteur éducateur peut accéder, s'il le souhaite, à la formation d'éducateur spécialisé ou d'éducateur de jeunes enfants, en bénéficiant d'un allégement de cours.
Informations auprès du ministère des Solidarités et de la Santé. Internet : https://solidarites-sante.gouv.fr

► Pour toute recherche d'emploi ou information sur la profession, s'adresser aux CREAI (voir le carnet d'adresses).
► Dans la fonction publique, deux types de débouchés :
• la fonction publique hospitalière ;
• la fonction publique territoriale : contactez le CNFPT. 80, rue de Reuilly, CS 41232, 75578 Paris cedex 12. Tél. : 01 55 27 44 00. Internet : www.cnfpt.fr

4 – ACCOMPAGNANT ÉDUCATIF ET SOCIAL

Les accompagnants éducatifs et sociaux, encore parfois connus sous l'ancien nom d'aides médico-psychologiques, travaillent majoritairement dans les établissements pour adultes handicapés et les entreprises d'aide à la personne. Mais on les trouve partout où il y a des jeunes ou des adultes très handicapés ou atteints d'une maladie grave. Dans les instituts médico-éducatifs, d'éducation motrice ou sensorielle, dans les centres de rééducation fonctionnelle ou les hôpitaux, ils soutiennent, accompagnent, aident à la vie quotidienne, jouent un rôle éducatif auprès des enfants et adolescents, contribuent à leur bien-être par le biais d'activités d'éveil, de sorties en dehors des établissements qui les accueillent. Leurs missions à la fois médicales, psychologiques et éducatives, sont toutes tournées vers un même but : ouvrir la personne handicapée au monde.
L'accompagnant éducatif et social ne fait jamais cavalier seul, ses actions s'inscrivent toujours dans le cadre d'une équipe pluridisciplinaire (psychologues, rééducateurs, éducateurs spécialisés...). Patience, équilibre, motivation, disponibilité et résistance physique sont autant de qualités que doit posséder impérativement quelqu'un qui se lance dans le métier. Ces accompagnants œuvrent surtout en internat et doivent être prêts à travailler la nuit et les week-ends.
Du côté du marché de l'emploi, avec l'apparition de nouveaux besoins dans la société, de nombreux postes se développent ces dernières années. On demande des AES pour accompagner les malades en fin de vie, aider à domicile, et en particulier dans les établissements pour personnes âgées. Côté salaire l'AES débute au Smic.

SA FORMATION

Le diplôme d'État d'accompagnant éducatif et social (DEAES) combine trois spécialités : accompagnement de la vie à domicile ; accompagnement de la vie en structure collective ; accompagnement à l'éducation inclusive et à la vie ordinaire. Cette dernière spécialité est tournée vers les enfants, adolescents et jeunes adultes en situation de handicap. Le cursus comprend une formation théorique (525 heures, dont 147 pour la spécialité choisie) et une formation pratique (840 heures de stages), sur une période de 9 à 24 mois (variable en fonction de l'expérience professionnelle et des diplômes).

Il est également possible de préparer en trois ans après la troisième, le bac pro accompagnement, soins et services à la personne option B : en structure.

PAS DE PROMOTION INTERNE

Les AES peuvent se réorienter et devenir moniteurs-éducateurs ou éducateurs spécialisés, en bénéficiant d'emplois du temps allégés.

LA RECHERCHE D'EMPLOI

Pour trouver du travail, consultez le guide « Neret » (http://guideneret.com) qui répertorie les coordonnées des associations, établissements et institutions destinées aux handicapés.

► **Pour plus de renseignements :** sur les centres de formation et les concours du service public, s'adresser notamment aux CREAI (voir le carnet d'adresses).

5 – PSYCHOLOGUE

On compte plus de 65 700 psychologues en exercice aujourd'hui en France. Certains travaillent auprès d'adultes, d'autres se consacrent aux enfants en danger, hospitalisés, handicapés ou perturbés, chez lesquels ils étudient les comportements individuels, les mécanismes psychiques et mentaux à la base de toute action. Le psychologue les écoute, évalue le handicap, essaye de les guérir en s'appliquant à déceler le pourquoi d'un dysfonctionnement du comportement. Exerçant en centre spécialisé, le psychologue pour enfants est presque toujours clinicien. Par opposition au psychologue du travail, au psychologue social ou scolaire, son approche professionnelle est fondée sur l'observation approfondie des individus. Il s'intéresse donc à leur histoire, à la façon dont leur personnalité s'est construite. À travers des tests, des bilans et surtout des entretiens individuels, il réussit à détecter les troubles du comportement ou les problèmes d'adaptation et établit un diagnostic.

Cette profession difficile, qui nécessite de grandes capacités d'écoute, de tolérance et de sensibilité, est saturée. Les psychologues cliniciens mettent du temps à trouver un emploi, qu'ils occupent souvent à temps partiel. Il n'est pas rare qu'ils soient obligés de cumuler plusieurs postes, bien que l'horizon s'éclaircisse avec les nombreux départs à la retraite.

Sans se laisser abattre par la conjoncture du marché du travail, les psychologues font preuve de dynamisme et de créativité pour essayer d'obtenir de nouvelles créations d'emploi, car les besoins existent.

Le jeune psychologue à la recherche d'un emploi ne doit pas hésiter à faire des propositions concrètes qui peuvent déboucher sur une création de poste et une embauche.

Les salaires varient selon le secteur d'activité. À titre indicatif, dans la fonction publique hospitalière, un débutant de classe normale peut prétendre à une rémunération d'environ 1 818 euros bruts mensuels, et jusqu'à 3 134 euros bruts mensuels au dernier échelon. Dans le secteur privé, le salaire est souvent le résultat d'une négociation entre l'employeur et le candidat.

DIFFÉRENTS LIEUX D'EXERCICE

Auprès des enfants, le psychologue peut intervenir à l'hôpital ou dans diverses institutions spécialisées, comme les pouponnières, les centres de rééducation, les instituts médico-éducatifs (IME) pour les multi-handicapés, les centres médico-psycho-pédagogiques (CMPP) pour les jeunes qui ont des difficultés à communiquer ou en échec scolaire... Par ailleurs, on le retrouve aussi dans des PMI où son rôle est plutôt de dépister tout problème éventuel risquant de perturber la croissance de l'enfant. Dans tous les instituts spécialisés, le psychologue travaille avec toute une équipe de rééducateurs, orthophonistes, psychomotriciens, médecins...

► Au sein de la fonction publique, il existe des postes de psychologues accessibles aux titulaires d'un bac + 5 en psychologie.

• Au ministère de la Justice, à la Protection judiciaire de la jeunesse. Un concours y est organisé. Pour plus de renseignements, adressez-vous à l'École nationale de protection judiciaire de la jeunesse. 16, rue du Curoir, BP 90114, 59052 Roubaix cedex 1. Tél. : 03 59 03 14 14. Internet : www.enpjj.justice.fr

Ou bien au ministère de la Justice. Direction de la protection judiciaire de la jeunesse. Bureau du recrutement et de la formation. Section de l'organisation des recrutements. 13, place Vendôme, 75042 Paris cedex 1. Tél. : 01 44 77 60 60. Internet : www.justice.gouv.fr et www.metiers.justice.gouv.fr/psychologue-12671

• Au sein de l'Assistance publique, qui organise irrégulièrement un recrutement sur titres ouvert aux diplômés de certains masters, en fonction des besoins. Contactez l'Assistance publique : 3, avenue Victoria, 75004 Paris. Tél. : 01 40 27 30 00. Internet : www.aphp.fr

• Dans la fonction publique hospitalière : recrutement sur titres effectué par les établissements hospitaliers publics.

• Dans la fonction publique territoriale : recrutement sur titres suivi généralement d'un entretien. S'adresser au CNFPT : 80, rue de Reuilly, CS 41232, 75578 Paris cedex 12. Tél. : 01 55 27 44 00. Internet : www.cnfpt.fr

ENDIGUER LES TROUBLES DU COMPORTEMENT

Carole Millot travaille depuis dix ans dans le milieu des handicapés moteurs, en tant que psychologue. Après avoir obtenu son DESS (master 2 professionnel) psychologie de l'enfance et de l'adolescence, elle a multiplié les expériences professionnelles dans différentes structures spécialisées, de la PMI aux foyers de vie pour adultes handicapés moteurs. Aujourd'hui, elle exerce à l'Adapt, un centre de rééducation pour enfants, situé à Pantin.

« Dès qu'un enfant arrive ici, je le rencontre deux ou trois fois pour essayer de déterminer s'il a besoin d'un soutien psychologique et pour préciser quel type d'aide sera nécessaire. Si j'estime qu'un suivi est souhaitable, je contacte la famille, que je convoque pour parler de l'enfant, car sans l'avis parental, je ne peux rien entreprendre. C'est après seulement que je choisis de suivre l'enfant en séance individuelle ou en groupe, en fonction de ses besoins. Chez les plus grands en particulier, le travail de groupe permet de ne pas abattre leurs défenses, sans lesquelles ils se sentiraient en péril. Les enfants se soutiennent et participent mieux aux projets thérapeutiques.

Mes outils de travail sont surtout le dessin, le jeu et la parole, ce qui est facile au premier abord, mais difficile car il faut décrypter les signes, interpréter les messages "codés".

Un psychologue dans un centre spécialisé ne travaille pas uniquement en relation avec les enfants, mais aussi avec les familles et avec toute l'équipe pluridisciplinaire. Réunions de synthèse, bilans sur les enfants, échanges informels d'informations sur un jeune qui pose problème... Il y a tout un travail d'élaboration de projets thérapeutiques à mettre en place.

Des conseils si vous vous lancez dans cette carrière ? Ciblez vos stages en fonction de ce que vous voulez faire plus tard, car le CV compte énormément pour trouver un poste. L'Adapt m'a prise parce que j'avais déjà une expérience du handicap moteur. Ne faites pas la fine bouche, acceptez les temps partiels, soyez mobiles, car c'est très long pour obtenir un poste. Pour ma part, j'ai mis huit ans à en trouver un. Parlez de votre quotidien professionnel avec d'autres psychologues, et n'hésitez pas à faire un travail sur vous. Je pense que l'on ne peut pas être psychologue sans avoir fait auparavant une analyse, c'est un outil primordial. »

SA FORMATION

Les études de psychologie se déroulent à l'Université. Après un baccalauréat ou un diplôme équivalent, l'étudiant doit passer une licence (trois ans) de sciences humaines et sociales mention psychologie. La spécialisation commence en troisième année de licence avec des options comme la psychologie clinique, psychologie du développement, pathologique différentielle…

Pour obtenir le titre de psychologue, il est nécessaire d'avoir obtenu un master recherche ou professionnel en psychologie, où l'admission est très sélective. Il faut néanmoins être très prudent, car tous les masters ne donnent pas droit au titre de psychologue. Renseignez-vous bien à ce sujet avant de vous inscrire.

Il existe de nombreux masters de psychologie en rapport avec les enfants :

- le master psychologie : psychopathologie clinique psychanalytique ;
- le master psychologie clinique, psychopathologie et psychologie de la santé (c'est généralement avec ce diplôme que le psychologue exerce dans des centres spécialisés) ;
- le master psychologie de l'éducation et de la formation ;
- le master psychologie de l'enfance et de l'adolescence (université Paris VIII-Vincennes-Saint-Denis) ;
- le master psychologie sociale, du travail et des organisations…

Il existe également des diplômes universitaires (DU) en psychologie, dont les modalités d'accès varient selon les universités.

Vous trouverez les renseignements sur tous les masters en vous adressant aux SCUIO. Vous retrouverez également la liste des masters et DU en psychologie sur le site www.psychologue.fr

À noter : le ministère de l'Enseignement supérieur et de la Recherche souligne que « *pour faire usage du titre de psychologue, il est exigé d'être titulaire d'une licence mention psychologie et d'un master mention psychologie comprenant un mémoire de recherche et un stage professionnel d'au moins 500 heures sous la responsabilité d'un psychologue exerçant depuis au moins trois ans et d'un maître de stage, enseignant-chercheur. Un master mention psychologie ne permet pas, à lui seul, d'obtenir l'autorisation à faire usage professionnel du titre de psychologue. Le titulaire de diplômes permettant l'usage professionnel du titre de psychologue en France a obligation de s'inscrire au répertoire ADELI, à la délégation territoriale départementale (DTD) du département du lieu d'exercice afin d'être enregistrés sur un fichier en qualité de psychologue, par spécialité. À la suite de cet enregistrement, il lui est délivré une attestation mentionnant, entre autres, son numéro d'enregistrement* ».

► **Pour plus de renseignements :**

- Fédération française des psychologues et de psychologie (FFPP). Internet : www.ffpp.net
- Société française de psychologie (SFP). 71, avenue Édouard-Vaillant, 92774 Boulogne cedex. Tél. : 01 55 20 58 32. Internet : www.sfpsy.org
- Syndicat national des psychologues (SNP). 40, rue Pascal, porte G, 75013 Paris. Tél. : 01 45 87 03 39. Internet : http://psychologues.org
- Un site Internet incontournable : www.psychologue.fr

À lire : *Le Journal des psychologues.*
Internet : www.jdpsychologues.fr
Ce mensuel informe sur la profession et comporte une rubrique « Offres d'emploi et petites annonces ».

6 – ORTHOPHONISTE

On pourrait également l'appeler le « thérapeute de la voix, de la parole et du langage », car sa mission est de rétablir les capacités fonctionnelles de la communication, de concourir à leur développement, de prévenir toute altération supplémentaire. Du petit enfant qui n'arrive pas à construire ses mots et ses phrases à la personne âgée perturbée dans sa communication, l'orthophoniste traite tous les troubles du langage. Il intervient auprès de l'enfant surtout, lorsque celui-ci ne réussit pas à acquérir la lecture, qu'il ne peut écrire de manière compréhensible, ou encore qu'il n'accède pas au raisonnement logique ou présente un trouble d'articulation, un bégaiement… Aujourd'hui en France, sur les 25 607 orthophonistes en exercice, 96,8 % sont des femmes. 81 % des orthophonistes exercent en libéral ou mixte.
Dans ce métier jeune, le nombre de professionnels croît régulièrement, mais le flux d'étudiants admis en formation a été régulé, ce qui assure en principe la possibilité de trouver un emploi à la sortie.

Au niveau des salaires, un orthophoniste gagne entre 1 818 et 2 849 euros bruts mensuels (classe normale dans la fonction publique hospitalière). Quand il exerce en libéral, son revenu dépend de l'importance de sa clientèle.

UN VASTE CHAMP D'ACTIVITÉ

Avant d'entreprendre une rééducation quelconque, il pratique sous prescription médicale un bilan orthophonique et des actes de dépistage, au cours desquels il explore les capacités et les connaissances de son patient, évalue les troubles et suggère, si nécessaire, d'autres examens.
Aphonies et dysphonies, perte de l'utilisation de la voix, divisions palatines et becs-de-lièvre, bredouillement, bégaiement, aphasie, trouble d'articulation, altération de la prononciation, dyslexie… par le biais de jeux, comme les puzzles ou les dessins, et de sons d'instruments de musique notamment, il adapte les techniques qui lui paraissent les plus appropriées à chaque patient.

Psychologie, pédagogie, patience, disponibilité et aisance verbale sont des qualités essentielles à cet auxiliaire médical qui possède bien sûr des compétences en médecine ORL et en linguistique.
Quand il exerce à titre libéral, il reçoit sa clientèle en cabinet, et peut être amené à travailler avec d'autres professionnels comme des orthoptistes, des masseurs kinésithérapeutes, des pédiatres…
Si, en revanche, l'orthophoniste agit dans le secteur public (services hospitaliers : pédiatrie, neurologie, neuropsychiatrie…) ou privé (centres spécialisés), il intègre une équipe pluridisciplinaire.

AU-DELÀ DES MOTS ET DU LANGAGE…

Orthophoniste, Dominique Pécout exerce son métier dans des structures spécialisées. Musicienne, elle a souhaité dès sa terminale s'orienter vers la musicothérapie, mais s'est finalement décidée pour l'orthophonie. Dans le Centre d'adaptation psychopédagogique (CAPP) où elle est amenée à rencontrer des enfants âgés de 3 à 16 ans, scolarisés dans des classes spécialisées, elle lutte contre les atteintes de la communication chez ces enfants et par conséquent contre l'échec scolaire, au sein d'une équipe de rééducateurs.
« J'ai d'abord exercé pendant 18 ans dans un CAPP qui accueillait des enfants déficients auditifs ; maintenant, je m'occupe des handicapés moteurs avec atteintes neurologiques, ce qui est tout à fait différent. C'est sur prescription médicale que je me déplace dans les différentes écoles pour travailler individuellement avec chacun. J'ai surtout affaire aux enfants victimes de lésions cérébrales précoces (dont de plus en plus de prématurés). Selon la région du cerveau touchée, les atteintes peuvent affecter leur motricité bucco-faciale, leur conscience des sons, l'organisation du langage, la compréhension de la lecture ou encore la mémoire.
Les rééducations s'adaptent à chaque enfant : pour renforcer la musculature de la bouche et de la langue, nous faisons des grimaces, des exercices de souffle sous forme de jeux, et nous améliorons ainsi la prononciation et la déglutition. Pour la mémoire, toujours sous forme ludique, un des axes de travail est la résurgence des connaissances. Certains enfants ont du mal à formuler clairement leurs idées et à les lier entre elles ; il faut alors travailler l'expression, ce qu'il faut dire pour énoncer un lien logique, ainsi que la compréhension de l'explicite du langage (ce qui n'est pas dit mais compris quand même). Par ailleurs, pour les enfants sans parole, nous leur apprenons à utiliser un code de communication (images, pictogrammes, symboles) ou une synthèse vocale. Comme vous voyez, nos interventions sont très diversifiées.
Ce métier m'intéresse beaucoup, car il fait avant tout appel à l'imagination : il faut sans cesse inventer des exercices, les renouveler, les reformuler pour arriver au résultat désiré. Souvent, le grand public n'imagine pas tout ce que l'orthophoniste recouvre de la communication. »

SA FORMATION

Le certificat de capacité d'orthophoniste se prépare en cinq ans à l'Université, dans des centres de formation dépendant des UFR de médecine et confère le grade de master.

Conditions d'accès

Pour être admis, il faut être titulaire du baccalauréat ou d'un diplôme équivalent.

À noter : à compter de la rentrée 2020, les candidats devront s'inscrire sur Parcoursup pour entrer en formation. La sélection se fera sur dossier et entretien dans la majorité des établissements, mais le concours ne disparaîtra définitivement qu'à la rentrée 2021. Renseignez-vous auprès de l'établissement convoité (liste dans le carnet d'adresses) pour connaître ses modalités de recrutement en 2020-2021.

Les études

Le cursus qui dure cinq ans comprend une formation pratique se déroulant sous forme de stages dans des services hospitaliers, centres de rééducation, écoles.

UN « PLUS » POUR LES FORMATIONS

Certaines universités proposent des enseignements complémentaires en orthophonie. L'université de Paris-Descartes forme au DU de thérapies comportementales et cognitives et l'université de Montpellier propose le DU neuropsychologie clinique. L'université de Lille Droit et Santé dispose d'un institut d'orthophonie.

▶ **Contacts :**

• Université Paris V-Descartes, faculté de médecine.
Internet :
https://odf.parisdescartes.fr/fr/formations/feuilleter-le-catalogue/sciences-technologies-sante-STS/diplome-d-universite-1/du-therapies-comportementales-et-cognitives-XU89_41.html

• Université de Montpellier, faculté de médecine Montpellier-Nîmes. Internet : https://formations.umontpellier.fr/fr/formations/sciences-technologies-sante-STS/diplome-universite-niv-form-bac-5-UF/du-neuropsychologie-clinique-program-fr_rne_0341087x_pr_1246639266956.html
• Institut d'orthophonie Gabriel-Decroix. Internet : http://orthophonie.univ-lille2.fr

ÉVOLUTION PROFESSIONNELLE

Après plusieurs années de pratique, les orthophonistes titulaires du certificat de capacité peuvent se lancer dans la préparation d'autres diplômes, en bénéficiant de dispenses partielles de scolarité. Ils ont l'opportunité de devenir éducateurs de jeunes enfants avec une remise de six mois de formation, ou psychomotriciens en entrant directement en deuxième année.

► **Pour plus de renseignements :**
• Fédération nationale des orthophonistes (FNO). 145, boulevard Magenta, 75010 Paris. Tél. : 01 40 35 63 75. Internet : www.fno.fr
• Fédération des orthophonistes de France. 16 rue des Champs de Charolles, 71120 Charolles. Tél. : 03 88 35 90 52.
Internet : https://federation-des-orthophonistes-de-france.fr
• Ministère des Solidarités et de la Santé.
Internet : https://solidarites-sante.gouv.fr

7 – ORTHOPTISTE

Cet auxiliaire médical soigne les troubles de la vision chez l'adulte, mais surtout chez l'enfant, même très jeune. Par le biais de différentes techniques de rééducation, il guérit ou améliore des anomalies de la vue, comme le strabisme ou le défaut de convergence par exemple.
En France, on compte près de 4 900 orthoptistes (dont 88,6 % de femmes). 61,8 % des orthoptistes exercent à titre libéral ou mixte, les autres étant salariés de centres hospitaliers, de dispensaires, d'établissements de rééducation où ils sont intégrés à une équipe de soins.
Actuellement, les quelques postes créés au sein d'établissements spécialisés ou de services de soins à domicile concernent essentiellement le secteur de l'enfance handicapée. Ce manque de création de postes pousse les jeunes diplômés à s'installer à titre libéral. Il est toutefois conseillé si l'on se lance dans cette aventure de faire une étude de marché avant de foncer tête baissée. Sachez que les débouchés sont restreints dans les villes et davantage porteurs en zone rurale, et surtout que l'investissement initial est de 15 000 euros minimum, auquel il faut ajouter un petit matériel à renouveler régulièrement.
En ce qui concerne les salaires, dans le secteur hospitalier, un débutant de classe normale perçoit un salaire brut mensuel de 1 818 euros, pour atteindre 2 769 euros au dernier échelon. Dans le privé, les salaires sont légèrement supérieurs.

UNE RÉÉDUCATION MUSCULAIRE

Lorsque l'orthoptiste reçoit pour la première fois un jeune patient, il établit d'abord un bilan d'observation de l'état du trouble visuel, mesure différents paramètres, avant d'élaborer son projet de rééducation qui doit toujours être validé par une prescription médicale. C'est à l'aide d'une gymnastique musculaire sous forme de jeux adaptés à chaque cas (manipulation de cibles lumineuses, de couleurs à fixer…) qu'il corrige les dysfonctionnements visuels. L'orthoptiste intervient aussi auprès d'enfants malvoyants, pour qu'ils puissent apprendre à utiliser au maximum la vision existante.

SA FORMATION

Pour exercer à titre professionnel, il faut être titulaire du certificat de capacité d'orthoptiste. D'une durée de trois ans, les études se déroulent dans l'un des 15 établissements dépendant des universités de médecine.

Conditions d'accès

Pour s'inscrire, il faut posséder le baccalauréat ou un titre équivalent.

À noter : à compter de la rentrée 2020, les candidats devront s'inscrire sur Parcoursup pour entrer en formation. La sélection se fera sur dossier et entretien dans la majorité des établissements, mais le concours ne disparaîtra définitivement qu'à la rentrée 2021. Renseignez-vous auprès de l'établissement convoité (liste dans le carnet d'adresses) pour connaître ses modalités de recrutement en 2020-2021.

Les études

Pendant trois ans, les élèves suivent des enseignements théoriques et des stages hospitaliers dans des services d'ophtalmologie. Au programme des cours théoriques de la première année : anatomie, physiologie de l'œil, pathologie, instrumentation, méthodes d'examen, techniques pré-orthoptiques. Au programme de la deuxième année : notions élémentaires de statistique, anatomie, physiologie, pathologie (inhibition, latence de direction visuelle, amblyopie, hétérophorie, attitudes compensatrices), instrumentation, méthodes d'examen, techniques pré-orthoptiques. Au programme de la troisième année : anatomie, physiologie, instrumentation, techniques pré-orthoptiques. Un programme de psychologie s'étend sur les trois années : évolution affective de l'enfant, psychologie de l'enfant inadapté, notions de psychologie pratique à l'usage de l'orthoptiste (source : www.orthoptiste.pro). Lors des stages pratiques, les étudiants apprennent à se servir d'appareils spécialisés et se familiarisent sur le terrain avec les méthodes d'examen et les techniques de rééducation. Un examen est organisé après chacune des trois années. À l'issue de ces trois ans, on obtient le certificat de capacité.

Pour évoluer, après quatre ans de carrière, les orthoptistes ont la possibilité de préparer le diplôme de cadre de santé.

► **Pour plus de renseignements :**

- Association française d'orthoptique (AFO).
Internet : www.association-orthoptique.fr
- Syndicat national autonome des orthoptistes (SNAO). 22, rue Richer, 75009 Paris. Tél. : 01 40 22 03 04. Internet : www.orthoptiste.pro
- Ministère des Solidarités et de la Santé.
Internet : https://solidarites-sante.gouv.fr

8 – PSYCHOMOTRICIEN

Pour évaluer les distances, coordonner ses gestes, être sensible aux changements d'attitude et d'affectivité de son entourage, tout homme fait appel à ses fonctions psychomotrices. Le rôle du psychomotricien est d'agir sur le corps, pour rétablir les fonctions psychiques, mentales et comportementales lorsque celles-ci sont affectées. Il a pour mission d'aider son patient à trouver une harmonie, à mieux prendre conscience de son corps.
Le psychomotricien peut intervenir auprès d'adultes, de personnes âgées ou handicapées et bien sûr auprès d'enfants. En tout, sur 12 770 professionnels en exercice (dont 89,4 % sont des femmes), plus d'un quart est salarié dans les hôpitaux.
En libéral, le psychomotricien travaille en collaboration avec d'autres professionnels comme des pédiatres, des psychiatres, des orthophonistes… Ce mode d'exercice tend à se développer actuellement, même si les actes de thérapie psychomotrice ne sont pas remboursés par la Sécurité sociale. Depuis quelques années, les débouchés pour les jeunes diplômés repartent à la hausse, mais les postes précaires (vacations, temps partiels) sont encore la règle.
Dans le secteur public hospitalier, le salaire mensuel brut d'un psychomotricien de classe normale varie entre 1 818 euros en début de carrière et 2 849 euros au dernier échelon.

L'EXAMEN PSYCHOMOTEUR

Quand les parents s'inquiètent du développement ou du comportement de leur enfant, que celui-ci présente un retard sur le plan des acquisitions motrices (retard de marche, retard de l'acquisition de la propreté), s'il est particulièrement inhibé, instable, nerveux, bloqué dans ses apprentissages scolaires, sans notions d'espace et de temps, s'il a des tics, etc., ils s'adressent à un psychomotricien qui dresse le bilan des retards ou manques du jeune, dédramatise le problème qui n'est peut-être que passager, et donne le compte rendu du bilan effectué au médecin traitant avant d'entreprendre toute rééducation, car cet auxiliaire de santé n'agit que sur prescription médicale. C'est par la mise en œuvre de techniques spécifiques, tels la graphomotricité, la relaxation, l'éducation gestuelle, les activités musicales, rythmiques, picturales ou plastiques, les jeux spontanés, l'expression corporelle, que ce rééducateur essaye de stimuler et de renforcer le développement des fonctions psychomotrices perturbées, lors de séances individuelles ou en groupe.

EXPRESSION CORPORELLE ET COORDINATION

Après avoir obtenu son diplôme d'État, Florence Allaire a exercé avec des nourrissons dans des services de réanimation néonatale. Aujourd'hui, psychomotricienne à Paris, dans un centre de rééducation et d'intégration pour enfants handicapés moteurs, elle évoque son expérience quotidienne.

« Je m'occupe d'enfants âgés de deux à vingt ans. Quand je les vois pour la première fois en consultation, j'évalue leurs difficultés, les troubles qu'ils peuvent avoir au niveau de l'image qu'ils ont de leur corps. Certains sont incapables de trouver des repères par rapport à leur propre corps, d'autres présentent des troubles praxiques, c'est-à-dire au niveau de l'organisation de leurs gestes, ou des problèmes de graphisme. C'est à partir du bilan effectué avec le médecin du centre, que nous décidons d'une prise en charge individuelle ou en groupe d'un enfant. Le jeu est mon outil principal : à travers les dessins, l'écriture, la coordination des gestes et des mouvements, on travaille l'expression corporelle, le rythme.

Pour exercer ce métier, il est indispensable d'avoir une bonne capacité d'écoute, de la patience, beaucoup de patience, et d'être assez fort physiquement car, il faut par exemple soulever les enfants de leurs fauteuils pour les mettre sur les tapis de jeu.

Les jeunes psychomotriciens doivent apprendre à rester modestes, à garder une certaine distance vis-à-vis des parents et des enfants. Souvent, les progrès rencontrés ne sont que très petits. Mais avec les enfants, il y a toujours une évolution.

L'avantage d'exercer dans un centre est la présence d'autres professionnels, l'équipe. Avec une psychologue par exemple, nous avons monté des séances de groupe pour travailler sur l'image du corps.

En cours d'études, orientez donc vos stages et votre mémoire vers le secteur des personnes âgées car là, il y aura toujours de la demande. »

SA FORMATION

Pour exercer dans cette profession, il faut posséder le diplôme d'État de psychomotricien, qui se prépare en trois ans après le baccalauréat.

À noter : à compter de la rentrée 2020, les candidats devront s'inscrire sur Parcoursup pour entrer en formation. La sélection se fera sur dossier et entretien dans la majorité des établissements, mais le concours ne disparaîtra définitivement qu'à la rentrée 2021. Renseignez-vous auprès de l'établissement convoité (liste dans le carnet d'adresses) pour connaître ses modalités de recrutement en 2020-2021.

Comme pour toutes les préparations aux professions paramédicales, les études alternent enseignements théoriques et stages pratiques dans des crèches, des écoles maternelles, des centres d'aide par le travail…

ÉVOLUTION PROFESSIONNELLE

Après quatre années d'exercice et une formation complémentaire, le psychomotricien peut devenir responsable d'un établissement spécialisé ou d'un centre hospitalier. Ces postes se comptent cependant sur les doigts de la main.
Il a également la possibilité de devenir formateur dans les écoles, s'il est titulaire du diplôme de cadre de santé mention psychomotricien, mais seulement s'il suit auparavant une formation. Par ailleurs, s'il souhaite s'orienter vers le métier de masseur-kinésithérapeute et d'ergothérapeute et donc préparer le diplôme, il est exempté de la première année d'études.

► **Pour plus de renseignements :**
• Fédération française des psychomotriciens (FFP). 5, rue Copernic, 75116 Paris. Internet : www.psychomotricite.com/ffp
• Syndicat national d'union des psychomotriciens (SNUP). 24, boulevard Paul-Vaillant-Couturier, 94200 Ivry-sur-Seine. Tél. : 01 56 20 02 91. Internet : http://snup.fr
• Un site Internet utile : http://psychomotweb.free.fr/public/public.php

DES FORMATIONS COMPLÉMENTAIRES

Psychothérapie par l'art, la musique ou l'équitation... Différentes associations proposent ces cursus aux psychomotriciens diplômés.

▶ **Contacts :**

• Centre international de musicothérapie. 49, avenue Aristide-Briand, BP 155, 93160 Noisy-le-Grand. Tél. : 01 49 32 11 62.
Internet : www.musicotherapie.info

• Fédération nationale de thérapie avec le cheval (Fentac).
Internet : http://fentac.free.fr

9 – ERGOTHÉRAPEUTE

L'ergothérapie est une profession qui a une quarantaine d'années d'existence en France. Les quelque 11 971 ergothérapeutes (dont 87 % de femmes) actuellement en activité en France ne couvrent pas encore les besoins existants (source : ANFE).

UNE PRISE EN CHARGE GLOBALE DE LA PERSONNE

L'ergothérapeute est le soignant qui réapprend au malade à vivre après un traumatisme grave. Il assure une prise en charge globale du malade dans son milieu quotidien.

Il procède d'abord à une évaluation des possibilités gestuelles et des capacités de récupération du malade. À partir de ce bilan, il définit lui-même ses méthodes de travail. Il choisit des activités qui vont stimuler les capacités de la personne handicapée et l'aideront à se réinsérer dans la vie sociale : jeux ou exercices permettant l'apprentissage ou le réapprentissage des gestes usuels.

Il réapprend aux handicapés à se lever, à s'habiller, éventuellement à faire le ménage et la cuisine avec un seul bras ou en fauteuil roulant. Le rééducateur peut aussi se rendre au domicile du handicapé pour l'aider à devenir indépendant chez lui.

Il contribue à la réinsertion professionnelle du patient et propose des solutions pratiques pour aménager son environnement matériel, architectural et urbain. Il tient compte de son environnement humain, car cela lui permet de connaître le niveau d'aide auquel la personne a recours quotidiennement.

L'ergothérapeute intervient essentiellement sur prescription médicale. Son activité s'exerce donc en collaboration étroite avec les membres d'une équipe de soins : médecins, infirmiers, orthophonistes, kinésithérapeutes, assistantes sociales.

La grande majorité des ergothérapeutes exercent un emploi salarié (seulement 11,9 % d'entre eux sont installés en libéral ou mixte) dans des établissements publics ou privés : hôpitaux, centres de rééducation fonctionnelle (pour adultes ou enfants), hôpitaux psychiatriques, maisons de retraite…

À l'hôpital public, un ergothérapeute (classe normale) commence sa carrière avec un salaire mensuel brut de 1 818 euros et la termine à 2 769 euros.

SA FORMATION

Le diplôme d'État d'ergothérapeute est nécessaire pour exercer la profession. Il se prépare en trois ans dans des établissements publics ou privés agréés. La scolarité est payante dans les écoles privées plus nombreuses que les établissements publics. Les centres de formation recrutent sur concours.

Le concours

Il faut être âgé de 17 ans et être titulaire du baccalauréat, scientifique de préférence, ou un titre admis en équivalence, ou justifier d'une expérience professionnelle de cinq ans.
Le concours comprend des tests psychotechniques, une contraction de texte, des épreuves de biologie et de physique dont le programme est celui des classes de première et terminale scientifiques.

À noter : à ce jour, les écoles d'ergothérapie souhaitent conserver leur admission sur concours. Ces derniers sont donc maintenus à la rentrée 2020, contrairement à la plupart des autres formations paramédicales rejoignant Parcoursup.

Les études

Les trois années de formation sont réparties en six semestres. Voici les domaines de formation : sciences humaines, sociales et droit, sciences médicales, fondements et processus de l'ergothérapie, méthodes, techniques et outils d'intervention de l'ergothérapeute, méthodes de travail, intégration des savoirs et posture professionnelle de l'ergothérapeute.
Dans leur pratique professionnelle, les ergothérapeutes ont parfois recours à des thérapies par l'art, la musique ou encore, utilisent le contact avec les animaux comme un médiateur avec leurs patients.

Certains organismes de formation continue dispensent des formations de ce type. Vous trouverez des renseignements auprès du Centre d'information et d'orientation (CIO) le plus proche de votre domicile.

▶ **Pour plus de renseignements :** contactez l'Association nationale française des ergothérapeutes (ANFE). 64, rue Nationale, CS 41362, 75214 Paris cedex 13. Tél. : 01 45 84 33 21. Internet : www.anfe.fr
Cette association propose notamment des stages de formation continue.

ÉVOLUTION PROFESSIONNELLE

Après une expérience professionnelle de quatre ans, l'ergothérapeute peut préparer en un an le diplôme de cadre de santé. Cette formation permet d'occuper un poste d'encadrement au sein d'un service, ou de formateur auprès d'une école paramédicale.
Le ministère des Solidarités et de la Santé souligne que *« les ergothérapeutes peuvent évoluer vers la fonction de cadre de santé ou accomplir un cursus universitaire en vue d'obtenir un master, voire un doctorat, dans la discipline scientifique de leur choix ».*

On observe une augmentation des débouchés dans les secteurs de la prévention et du maintien à domicile des personnes âgées ou handicapées.
Les ergothérapeutes interviennent dans des secteurs nouveaux, comme celui du conseil ou de l'expertise au sein des compagnies d'assurances (évaluation des préjudices subis lors d'accidents). Ils interviennent aussi en tant que formateurs. Leur rôle est alors de sensibiliser les intervenants du secteur médical et social au concept d'autonomie et à la nécessité de coordonner les actions autour du patient.

C'est un corps de métier qui recrute en ce moment.

10 – PÉDIATRE

Du nouveau-né à l'adolescent, c'est le médecin de l'enfance.

MÉDECIN ET CONFIDENT

Un nourrisson a de la fièvre, il ne mange pas, un enfant est couvert de boutons ou a mal aux oreilles… Vite, les familles se tournent vers le pédiatre, ce spécialiste qui examine l'enfant sous tous ses aspects, affectifs, physiques, mentaux. Il parle et rassure les parents qui lui posent aussi des questions sur l'éducation de leurs petits, le comportement à adopter face à une situation donnée. Le pédiatre devient alors médecin, confident, sage… Même s'il exerce en libéral, le pédiatre se retrouve en contact avec d'autres professionnels de l'enfance qui complètent son action : des directrices de crèche aux juges pour enfants, en passant par tous les médecins et rééducateurs.

Actuellement en France, 8 000 pédiatres exercent dans des structures très différentes ; environ 2 200 d'entre eux ont leur propre cabinet libéral, situé surtout dans les grandes villes et la région parisienne. Les autres interviennent dans les hôpitaux, les écoles et les centres de protection maternelle et infantile (PMI), où le rôle du pédiatre s'oriente davantage vers la prévention et le dépistage d'éventuels troubles liés à l'alimentation, au sommeil, à l'environnement de l'enfant.

Un pédiatre praticien hospitalier débutant perçoit entre 2 478 euros bruts par mois (à temps partiel de six demi-journées par semaine) et 4 130 euros bruts mensuels (à temps plein).

SA FORMATION

Pas moins de 11 ans d'études sont nécessaires pour devenir pédiatre. L'Onisep détaille la formation nécessaire : « *En deuxième et troisième années : enseignement des bases théoriques de la médecine (anatomie, biologie) et premiers stages hospitaliers. En fin de troisième année, obtention du diplôme de formation générale en sciences médicales, niveau licence. En quatrième, cinquième et sixième années : acquisition d'une formation médicale complète avec de plus en plus de pratique hospitalière. À la fin de la sixième année, l'étudiant passe les ECN (épreuves classantes nationales). Le choix de la spécialité et/ou de la région où il effectuera son internat dépend de ses résultats et de son rang de classement.* » Après cinq ans d'études supplémentaires, ils obtiennent le DES (diplôme d'études spécialisées).

À noter : à la rentrée 2020, le concours PACES disparaît. Pour s'orienter vers les professions de santé, il faudra désormais opter pour une licence option « accès santé » (LAS) ou une licence à parcours spécifique « accès santé », avec une option dans une autre discipline (PASS), après le bac.

DOUCEUR ET ÉCOUTE

Mary Lombardi a terminé son internat de pédiatrie à Montréal au Canada. Elle nous parle de ses premiers pas dans la profession.
« L'idée de m'orienter vers la pédiatrie s'est imposée pendant mes études de médecine. J'avais fait un stage de deux mois dans un service hospitalier et cela m'avait vraiment plu. La pédiatrie, c'est de la médecine au sens pur ; lorsque l'on a un petit enfant qui souffre, il faut réfléchir à tous les diagnostics possibles, notre vocation étant de soulager avant tout. J'aime m'occuper d'enfants, ils écoutent et respectent ce qu'on leur dit, et je ne peux pas m'empêcher d'y mettre de l'affectif. Au niveau de l'internat, je sais que les services de pédiatrie sont moins difficiles que d'autres secteurs spécialisés.
En travaillant à l'hôpital depuis trois ans, j'ai appris à être professionnelle : à admettre quand on ne sait pas ce qui se passe, à inspirer confiance aux parents et aux enfants surtout, qui sont très impressionnables et avec lesquels il faut faire preuve de qualités pédagogiques. Les relations avec les jeunes patients varient évidemment, si ceux-ci sont des préadolescents, ou s'ils ont quelques mois.
Ce que j'aime aussi, c'est l'ambiance que dégagent dans un hôpital les services pour enfants : le personnel soignant est très disponible, doux, il apporte une grande attention au quotidien de l'enfant qui a besoin de ses jeux, et de vivre sa vie d'enfant. »

► Pour plus de renseignements :

- Conseil national de l'Ordre des médecins. 4, rue Léon-Jost, 75855 Paris cedex 17. Tél. : 01 53 89 32 00.
Internet : www.conseil-national.medecin.fr
- Syndicat national des pédiatres français (SNPF).
Internet : www.snpf.fr
- Société française de pédiatrie (SFP).
Internet : www.sfpediatrie.com

11 – PÉDOPSYCHIATRE

15 171 psychiatres exercent aujourd'hui en France, une spécialité médicale en vogue, où il est cependant très difficile de déterminer la proportion de ceux qui s'occupent principalement des enfants.

LE « PSY » DES ENFANTS

Les pédopsychiatres reçoivent des enfants très perturbés mentalement, à l'hôpital, dans des établissements spécialisés tels les centres médico-psychologiques, les hôpitaux de jour pour enfants et adolescents... ou en cabinet privé. Ils accueillent les enfants, dressent le bilan de leurs symptômes, de leurs souffrances, et établissent avec leurs parents des projets thérapeutiques, pour essayer de faire ressortir les dysfonctionnements à traiter.
Avec les enfants, les médicaments sont généralement évités ou administrés le moins possible. Les médecins préférant travailler sur la communication et le dialogue entre les parents et leurs enfants.
Les débouchés restent encore nombreux pour les psychiatres, les institutions spécialisées faisant de plus en plus appel à ces professionnels de l'esprit.

L'ÉCHO DES FAMILLES

À l'issue de ses études de psychiatrie, Élisabeth Brasini s'est orientée vers la pédopsychiatrie, après avoir accompli de nombreuses recherches sur la place de l'enfant dans la famille, les liens générationnels, les désirs et les entraves faites à l'enfant au sein de son noyau familial. Directrice d'un hôpital de jour pour enfants psychotiques en Seine-et-Marne, elle nous retrace son parcours professionnel.
« *Durant mes quatre années d'internat, j'ai effectué de nombreux stages dans des services pour adultes, puis pour enfants. Je pense qu'il est important d'appréhender le métier en ayant une expérience avec les adultes, car ensuite, la confrontation avec des enfants psychotiques et autistes vous plonge dans un univers particulier. À l'hôpital de jour, mon travail consiste à établir ou rétablir un dialogue entre les familles et l'enfant, à renouer quelque chose qui s'est cassé à cause de l'histoire familiale. Je reçois les parents, les enfants en entretien individuel ou familial, observe, dialogue et essaye de faire*

ressortir les troubles à la surface pour que l'enfant puisse atteindre une autonomie psychique, se "socialiser" et ensuite être scolarisé. Certes, je suis habilitée à donner des médicaments, mais il faut être prudent, car l'enfant est un sujet en devenir et l'essentiel est de trouver un sens aux symptômes. Ici, en tant que directrice, je suis aussi responsable des projets individuels entrepris avec les enfants, et de l'équipe pluridisciplinaire (éducateurs de jeunes enfants, psychologue, psychomotricien…) qui assure le suivi médical, les animations, les ateliers permettant de favoriser l'expression des enfants à travers des jeux, des dessins, des mots, l'appel à l'imagination.
Des conseils pour être pédopsychiatre ? Il faut toujours avoir une curiosité envers les parcours de nos interlocuteurs, l'enfant, ses parents, et surtout ne pas prétendre tout savoir. Chaque histoire est différente. Le monde psychique de l'enfant est angoissé par la peur de l'abandon, la crainte, les angoisses intenses. Il faut calmer ces peurs, les reconnaître. Pour cela, il est important en tant que pédopsychiatre d'entreprendre sur soi un travail de psychanalyse, pour se connaître, pouvoir avoir un écho des histoires des autres, car aussi folles soient-elles, il y a toujours en elles une part d'humain. Lorsque l'on exerce, il est important d'être perméable, d'être ému mais sans se laisser envahir. C'est un métier où l'on donne beaucoup, où il est nécessaire de se ressourcer périodiquement, mais qui est très gratifiant et qui offre de nombreuses possibilités : les institutions et les parents font de plus en plus appel aux pédopsychiatres, ce qui est très bien, mais risque aussi de les déresponsabiliser. »

SA FORMATION

Le psychiatre est un médecin. Pour embrasser cette carrière, un cursus médical est obligatoire. Après six années de formation de base, l'étudiant passe les épreuves classantes nationales (ECN) dont le classement détermine la possibilité de choisir sa spécialité. La spécialité en psychiatrie fait l'objet d'une formation de 4 à 5 ans supplémentaires à la fois théorique et pratique et débouche sur un DES (diplôme d'études spécialisées). Après le DES et une soutenance de thèse devant un jury, le postulant obtient le diplôme d'État de docteur en médecine. De plus, en psychiatrie et notamment pour les aspirants pédopsychiatres, il existe un DESC (diplôme d'études spécialisées complémentaire) dans le domaine de la psychiatrie de l'enfant et de l'adolescent.

▶ **Pour plus de renseignements :**

• Conseil national de l'Ordre des médecins. 4, rue Léon-Jost, 75855 Paris cedex 17. Tél. : 01 53 89 32 00.
Internet : www.conseil-national.medecin.fr

• Syndicat national des psychiatres français. 45, rue Boussingault, 75013 Paris. Tél. : 01 42 71 41 11.
Internet : http://psychiatrie-francaise.com

• Ministère de l'Enseignement supérieur, de la Recherche et de l'Innovation : www.enseignementsup-recherche.gouv.fr

PARTIE IV

LA PROTECTION DE L'ENFANCE

Lorsque les conditions d'éducation d'un enfant sont gravement compromises, que sa vie et son épanouissement sont exposés à des dangers physiques ou moraux au sein de sa famille notamment, qu'il côtoie un univers de précarité voire de désespoir, certains professionnels interviennent pour le protéger. Des aides financières de soutien familial aux enquêtes sociales, de l'intervention des services éducatifs de la Protection judiciaire de la jeunesse à des mesures répressives plus lourdes, les moyens d'endiguer ces situations difficiles sont nombreux et délicats. Assistantes sociales, juges des enfants, éducateurs de la PJJ, tous ces travailleurs de l'enfance en danger font face à des réalités dures et violentes, à des responsabilités contraignantes qui nécessitent fermeté et aplomb.

1 – ASSISTANT DE SERVICE SOCIAL

Du domaine préventif à celui curatif, les assistants de service social sont présents partout où il y a des enfants, des familles en difficulté. Ils les aident à s'insérer socialement et professionnellement, en les informant sur leurs droits aux prestations sociales et médicales, en les orientant vers des lieux spécialisés. Au-delà de la simple orientation, les assistants sociaux favorisent l'insertion des personnes, recherchent les causes qui compromettent leur équilibre psychologique, économique et social, et essayent de les enrayer en fournissant une réponse de « proximité » aux problèmes de logement, d'emploi, d'éducation, de santé, de budget familial…
C'est le métier le plus ancien du travail social. On compte plus de 45 600 assistants de service social employés par les collectivités locales, l'État (ministères des Solidarités et de la Santé, de l'Éducation nationale, de la Justice), des hôpitaux publics, les organismes de protection sociale, des entreprises ou encore des associations du secteur sanitaire et social.

La formation s'étale sur trois ans (bac + 3) et elle comprend, en alternance 12 mois de stage pratique et 1 740 heures de formation théorique.
Sachez que les jeunes diplômés trouvent facilement du travail tant les besoins sont nombreux. L'Onisep souligne qu'un « *jeune diplômé, en Île-de-France, a le choix entre 6 à 10 propositions d'embauche* ».
Un assistant de service social débutant gagne le Smic. Son salaire peut atteindre 2 000 euros nets mensuels en fin de carrière. Dans la fonction publique, les salaires s'échelonnent de 1 668 à 2 502 euros bruts mensuels pour un assistant socio-éducatif de classe normale.

AU SECOURS DE L'ENFANCE EN DANGER

Geneviève Descamps-Bouyahiaoui exerce le métier d'assistante sociale depuis 15 ans. Après une première expérience comme assistante sociale de secteur à la mairie de Bagnolet, en région parisienne, elle est embauchée à l'association Sauvegarde de Seine-Saint-Denis (anciennement Association départementale de sauvegarde de l'enfance et de l'adolescence en Seine-Saint-Denis), au service des tutelles.

« Mon travail tourne autour de l'argent, du budget des familles, car je veille à ce que les prestations sociales versées par la CAF (caisse d'Allocations familiales) soient bien employées en faveur des enfants. En pratique, c'est le juge qui prend l'ordonnance de tutelle, il la transmet aux différents organismes allocataires qui, à partir de ce moment-là, ne versent plus les allocations aux familles, mais à nous. De notre côté, nous utilisons ces sommes en les reversant petit à petit, pour que l'enfant ou le jeune puisse vivre dans des conditions correctes, qu'il puisse s'instruire, manger à sa faim, avoir des loisirs. Cette mesure d'aide, bien que coercitive, est très bien accueillie par certains, et très mal par d'autres qui se sentent dépossédés de leur argent.

Dès que l'association a reçu l'ordonnance, si cela concerne mon secteur géographique, je rencontre les familles en difficulté (chômage, surendettement...) et leurs enfants. Je vais à leur domicile, m'assure des conditions de vie, du logement, de l'hygiène dans lesquelles évoluent les enfants. Je rentre donc dans l'intimité familiale afin de lier une relation nécessaire à l'accomplissement d'un travail éducatif. Souvent d'ailleurs, il ne s'agit que de conseil, d'accompagnement dans des phases difficiles. Fort heureusement, on enlève rarement les enfants de leur famille en vue d'un placement. On évite au maximum ces déchirements, et avant de décider d'un placement éventuel, on fait intervenir un éducateur dans la famille, dans le cadre d'une action éducative en milieu ouvert (AEMO).

Ce métier est très prenant, il demande un gros investissement personnel, car on défend des familles face aux créanciers par exemple. Dès le départ, il faut savoir gérer l'affectif, sans perdre de vue que nous sommes des professionnels, que nous ne sommes pas là pour supporter la misère du monde. Il ne faut pas sombrer dans la tristesse et la dépression, mais prendre du recul afin de se montrer efficace aussi bien pour eux que pour nous.

On ne peut pas être assistante sociale sans s'intéresser un minimum aux phénomènes de société, ce n'est pas un simple travail administratif. Parfois, nous nouons des relations de sympathie, et quand certains remontent la pente, c'est une véritable satisfaction.

Un conseil pour ceux qui souhaitent se lancer dans cette carrière, n'hésitez pas à multiplier vos expériences, à avoir un aperçu du métier sous tous ses angles : pendant ma préparation au diplôme d'État par exemple, j'avais effectué six mois de stage dans un camp de nomades pour être confrontée à des populations différentes, et je vous assure que cela m'a été d'une grande aide par la suite. »

DES MISSIONS DIVERSIFIÉES

Écoute, compréhension et bonne connaissance des rouages administratifs et des dispositifs d'aide sociale, sont les atouts essentiels que doit posséder une assistante sociale. Celle-ci suit l'ensemble de l'organisation des dispositifs d'instruction et de suivi des dossiers d'insertion : demandes d'allocations, d'aides légales ou facultatives, de procédures de règlement du surendettement, RSA... Elle informe et mène aussi des enquêtes sociales sur le terrain, au cours desquelles elle travaille avec d'autres professionnels : médecins, juges des enfants, éducateurs... Ses activités varient en fonction de son lieu d'exercice.

L'assistante sociale « polyvalente de secteur »

À ce poste, l'assistante sociale exerce sur un secteur géographique donné, où elle prend en charge la population dans sa diversité et s'occupe tout particulièrement de l'enfance maltraitée. Son action sur le terrain dans les quartiers difficiles tend à s'accroître : elle discute avec les familles, décode leurs problèmes, met en place un soutien et s'assure qu'elles bénéficient des aides prévues par la société. Son travail s'effectue en liaison avec de nombreux partenaires : écoles, mairie, PMI, services spécialisés...

L'assistante sociale attachée à un organisme

Que ce soit à la Sécurité sociale, dans un service de l'État (Ddass, caisses d'allocations familiales), dans les hôpitaux, ou dans un service scolaire (collège ou lycée), elle accueille le public et l'accompagne en participant à la mise en œuvre des projets socio-éducatifs de l'organisme dont elle relève. Les problèmes qu'elle doit résoudre sont directement liés au type de population rencontrée.

Dans les associations et les entreprises privées

Certaines sociétés industrielles et commerciales (banques, assurances, grands magasins) recrutent parfois des assistantes sociales.

Celles-ci ont également la possibilité d'exercer dans des associations qui jouent un rôle très important au niveau du travail social : sauvegarde de l'enfance et de l'adolescence, aide aux personnes handicapées, aux émigrants, à l'hygiène mentale, Croix-Rouge…

SA FORMATION

Le diplôme d'État d'assistant de service social (DEASS) est indispensable pour exercer cette profession. Il se prépare en trois ans, dans l'un des 73 établissements agréés.
Pour être admis, il faut avoir le baccalauréat ou un diplôme équivalent, et candidater *via* Parcoursup.
Cadre institutionnel de l'action sociale, économie, démographie, anthropologie, psychologie, politique de la santé… aux cours théoriques se superposent 12 mois de stage pendant la durée de la formation.
Il existe aussi un DUT carrières sociales, option assistance sociale qui se déroule en deux ans, à l'issue desquels les candidats peuvent suivre une année d'études complémentaire pour obtenir le diplôme d'État d'assistant social (DEASS) ou intégrer une licence professionnelle intervention sociale.
Ce diplôme se prépare dans six établissements :
• IUT de l'université de Grenoble-Alpes.
Internet : https://iut2.univ-grenoble-alpes.fr
• IUT de l'université Paris-Descartes.
Internet : www.iut.parisdescartes.fr
• IUT de Bobigny-Paris XIII.
Internet : www.iut-bobigny.univ-paris13.fr.
• IUT du Havre. Internet : www-iut.univ-lehavre.fr
• IUT de l'université d'Angers. Site de Cholet.
Internet : www.univ-angers.fr/fr/index.html
• IUT de La Réunion. Site de Saint-Pierre.
Internet : http://iut.univ-reunion.fr

DES POSTES À LA MAIRIE DE PARIS

Les collectivités locales et la Ville de Paris recrutent chaque année des assistantes sociales diplômées d'État.

► **Contacts :**

• Se renseigner auprès du Centre national de la fonction publique territoriale (CNFPT). 80, rue de Reuilly, CS 41232, 75578 Paris cedex 12. Tél. : 01 55 27 44 00. Internet : www.cnfpt.fr
• ou à la mairie de Paris.
Internet : www.paris.fr/pages/services-sociaux-197

ÉVOLUTION PROFESSIONNELLE

Avec de l'expérience professionnelle, l'assistant de service social peut accéder à d'autres professions et notamment à des postes d'encadrement tels que responsable de circonscription d'action sociale, conseiller technique, directeur de services sociaux, directeur d'établissement…

Après plusieurs années d'expérience professionnelle, pour devenir directeur d'établissement privé, l'assistant de service social doit préparer le certificat d'aptitude à la fonction de directeur (CAFDES), qui lui permettra ensuite d'être à la tête d'un centre d'aide par le travail, d'un centre d'hébergement social et d'insertion, ou d'établissements pour enfants.

Avec trois ans d'ancienneté et des stages d'adaptation, l'assistant de service social a la possibilité de passer le certificat national de compétence de mandataire judiciaire à la protection des majeurs pour exercer les fonctions de délégué à la tutelle aux prestations sociales. Mandaté par le juge qui a mis en tutelle, ce professionnel doit gérer les sommes versées au titre des prestations sociales à des personnes qui ne peuvent les gérer elles-mêmes.

► **Pour plus de renseignements :**

• Ministère des Solidarités et de la Santé.
Internet : https://solidarites-sante.gouv.fr
• Association nationale des assistants de service social.
Internet : www.anas.fr
• Union nationale des acteurs de formation et de recherche en intervention sociale. 8, rue Mayran, 75009 Paris. Tél. : 01 53 34 14 74.
Internet : www.unaforis.eu

À lire : pour des offres d'emploi et des informations sur les travailleurs sociaux : *Actualités sociales hebdomadaires*.
Internet : www.ash.tm.fr

2 – JUGE DES ENFANTS

Ces juges spéciaux, qui interviennent à la frontière du social et du droit, appartiennent à la grande famille des magistrats. Reliés au tribunal de grande instance, ce sont des magistrats du siège (comme les juges d'instruction, d'application des peines, d'instance...), à la différence des magistrats du Parquet, tels les procureurs de la République et leurs substituts.
Le juge des enfants intervient dès qu'un mineur est en danger : détresse psychologique (fugue, tentative de suicide), mauvais traitements, éducation compromise... Il reçoit généralement le signalement d'un problème par le biais des services sociaux, de psychologues, de l'entourage, de l'école, mais il peut être aussi saisi directement par la famille ou les enfants eux-mêmes.
Le juge lance alors une enquête sociale ou une expertise, pour bien cerner la situation, avant de prendre des mesures si besoin est, comme la mise en place d'un suivi en milieu ouvert (AEMO), d'un suivi éducatif familial... En dernier recours, et quand il y a vraiment urgence, il peut aussi décider de faire placer l'enfant dans une famille d'accueil ou dans un établissement spécialisé. Sa mission s'inscrit dans la durée, les affaires ne sont jamais classées, mais sont susceptibles d'évoluer au fil du temps.
D'autre part, le juge des enfants s'occupe aussi des délinquants mineurs qu'il s'efforce, dans la mesure du possible, de remettre sur la bonne voie par des moyens éducatifs avant de sanctionner.
En début de carrière, ce magistrat titulaire spécialisé gagne environ 2 700 euros bruts par mois (hors primes).

SEUL MAÎTRE À BORD

Totalement indépendant bien que fonctionnaire de l'État, le juge des enfants prend des décisions sans avoir à rendre de comptes. Il agit à la lisière du social, toujours conditionné par l'évolution des mœurs et des phénomènes de société comme, par exemple, les problèmes actuels de violence dans les cités. Il doit avoir le sens du contact, faire preuve de résistance physique et psychique, et être prêt à

s'investir à 100 %, car c'est un métier prenant, usant, une profession dans laquelle on enregistre un fort taux de *turn-over* : en moyenne, les magistrats restent entre trois et quatre ans à ce poste, avant de demander une mutation.
En effet, le juge des enfants peut demander à changer d'attribution. Il a la possibilité de devenir juge d'instruction, juge d'instance… ou bien d'accéder à la magistrature du Parquet.

UN INVESTISSEMENT TOTAL

Bernadette Dachkevitch a été juge des enfants pendant plus de six ans, puis magistrat à l'administration centrale pendant onze ans, avant d'être à nouveau juge des enfants au tribunal de grande instance de Paris. Une passion dont elle ne peut se détacher.
« Quand on décide de devenir magistrat pour ensuite être juge des enfants, on n'est jamais sûr d'avoir tout de suite l'occasion de remplir cette fonction. Certains jeunes magistrats sont obligés de commencer leur carrière comme juge d'instance par exemple, en fonction des places disponibles. Certes, en cours d'études, si l'on veut vraiment se destiner à la fonction des enfants, on essayera de faire des stages dans des services éducatifs…
Pour être juge des enfants, il faut avant tout les aimer, les supporter, surtout les adolescents auxquels on a souvent affaire.
Plus de 70 % de notre travail concerne l'assistance éducative, c'est-à-dire l'enfance en danger, 25 % les enfants délinquants et 5 % les questions liées à la tutelle des allocations familiales. Souvent, il est vrai, les trois catégories se recoupent.
Quand on est face à des problèmes de délinquance, on est saisi par le procureur de la République à la suite d'un délit ou d'un crime, et là, notre rôle en tant que juge est d'interroger les mineurs sur les faits reprochés, de prendre le temps de leur parler pour voir si l'on ne peut pas mettre en place un suivi éducatif ou psychologique, avant de rendre un jugement. En fonction de la gravité des faits, les jeunes (souvent des adolescents dans ce cas) sont jugés en audience de cabinet, ou bien, pour les cas plus graves, au tribunal pour enfant, que l'on préside.
En revanche, face à des problèmes d'enfance en danger, de détresse, de maltraitance, on reçoit longuement les familles, on parle plusieurs fois aux enfants, on ordonne des mesures d'investigation et d'orientation éducative, des enquêtes sociales. Dans les cas les plus graves, on est amené à placer l'enfant dans un foyer. Ici, le juge décide seul, mais les services éducatifs, les travailleurs sociaux avec lesquels nous travaillons main dans la main font des propositions, que l'on peut entériner ou non. Le suivi de certains dossiers s'inscrit dans le temps.

Il faut croire à cette profession et l'aimer beaucoup, si on veut l'exercer. Les premiers temps surtout sont très difficiles, car les résultats ne se voient souvent que des années plus tard. On vit beaucoup de situations d'échec, mais aussi de nombreuses réussites. Il faut être disponible, avoir du punch, assurer à tout moment, même si l'on n'est pas en forme, car on prend des décisions très graves parfois. Il faut aussi savoir trancher et décider rapidement, ne pas hésiter et bien sûr, savoir parler aux jeunes et aux familles surtout.
Sachez que l'on travaille plus de 50 heures par semaine et qu'être avec des enfants n'est pas facile. Je conseille donc avant de commencer des études de magistrat, de faire plusieurs expériences professionnelles avec des enfants, pour connaître les spécificités du jeune public. »

SA FORMATION

Il n'y a pas de cursus particulier pour le juge des enfants, qui est formé, comme tous les magistrats, à l'École nationale de la magistrature de Bordeaux. Trois concours, dont deux internes, permettent d'accéder à cette école prestigieuse mais très sélective.

Conditions d'accès

Les titulaires d'un diplôme sanctionnant un niveau d'études de bac + 4 (IEP, École normale supérieure...) et âgés de 31 ans au plus peuvent se présenter au premier concours. Les fonctionnaires ou agents publics depuis quatre ans minimum et âgés de moins de 49 ans peuvent se présenter au deuxième concours. Le troisième concours est, quant à lui, réservé aux professionnels du secteur privé ayant 40 ans au plus et huit ans d'expérience professionnelle.

Le déroulement du cursus

Une fois admis, les élèves suivent une formation de 31 mois au cours de laquelle ils ont le statut d'auditeurs de justice et ils sont rémunérés. La formation se divise en deux parties : formation théorique et stages pratiques.

► **Pour plus de renseignements :**

• École nationale de la magistrature (ENM). 10, rue des Frères-Bonie, 33080 Bordeaux cedex. Tél. : 05 56 00 10 10.
Internet : www.enm.justice.fr

• Ministère de la Justice. 13, place Vendôme, 75042 Paris cedex 1. Tél. : 01 44 77 60 60. Internet : www.justice.gouv.fr

• Union syndicale des magistrats. 18, rue de la Grange-Batelière, 75009 Paris. Tél. : 01 43 54 21 26
Internet : www.union-syndicale-magistrats.org

3 – ÉDUCATEUR DE LA PROTECTION JUDICIAIRE DE LA JEUNESSE

Une mission première : l'enfance en danger. Environ 4 200 éducateurs s'occupent des mineurs délinquants, des enfants ou des adolescents exposés à une détresse morale ou physique.
Agissant toujours sur mandat d'un juge des enfants, ils soutiennent les jeunes, les orientent dans leur insertion sociale et professionnelle, les aident à renouer les liens avec leur famille dans le but de les préserver face aux difficultés.
Fonctionnaires de catégorie B+, les éducateurs de la PJJ travaillent au sein d'une équipe pluridisciplinaire. Un débutant gagne 1 626 euros bruts mensuels et peut atteindre 2 727 euros bruts par mois en fin de carrière (hors primes).

DIFFÉRENTES ACTIONS ÉDUCATIVES

On les retrouve dans des foyers d'hébergement (psycho-éducatifs, scolaires ou professionnels) qui accueillent des mineurs délinquants ou en danger, placés par le juge, ou bien dans des centres d'action éducative en milieu ouvert où ils prennent en charge des mineurs maintenus dans leur famille. Les éducateurs de la PJJ travaillent aussi dans les services éducatifs des tribunaux (SEAT), où ils reçoivent les mineurs à leur arrivée au tribunal. Dans ce contexte, l'éducateur propose au juge des mesures éducatives pour éviter l'incarcération.

LE CONCOURS DU MINISTÈRE DE LA JUSTICE

Pour devenir éducateur de la PJJ, il faut se présenter aux concours organisés par la direction de la Protection judiciaire de la jeunesse. Outre le concours 3e voie et le concours interne sur épreuves, deux autres concours sont proposés : le concours externe sur épreuves (condition : être titulaire d'un diplôme de bac + 2) et le concours externe sur titre (condition : être titulaire d'un diplôme d'État d'éducateur spécialisé). Sachez que la sélection est drastique (3 à 6 % d'admis chaque année).

Au menu du concours externe sur épreuves, une épreuve écrite d'admissibilité et une épreuve d'admission constituée d'une épreuve de table ronde et d'un entretien avec le jury.
Les dossiers d'inscription sont à retirer dans une direction régionale de la PJJ.
Après avoir été reçus, les candidats doivent suivre une formation rémunérée de deux ans (un an seulement pour les candidats issus du concours sur titre et du concours 3e voie) à l'École nationale de protection judiciaire de la jeunesse (ENPJJ), à Roubaix.

► **Contacts :**

• École nationale de protection judiciaire de la jeunesse (ENPJJ). 16, rue du Curoir, BP 90114, 59052 Roubaix cedex.
Tél. : 03 59 03 14 14. Internet : www.enpjj.justice.fr

• Ministère de la Justice. Direction de la protection judiciaire de la jeunesse. 13, place Vendôme, 75042 Paris cedex 1.
Tél. : 01 44 77 60 60. Internet : www.justice.gouv.fr

PARTIE V

LE TEMPS DES LOISIRS

Plaisir de lire et de jouer, invention, créativité et culture... Autant de mots qui caractérisent les activités des professionnels des loisirs. Quand pédagogie et enseignement ne riment pas forcément avec contrainte et rigueur, les enfants développent leur curiosité, aiguisent leur imagination tout en tissant des liens sociaux et des repères culturels. De l'animateur qui encadre et invente sans cesse de nouvelles activités éducatives, culturelles, sportives, au conteur qui favorise le rêve et la paix de l'esprit à travers ses histoires venues des quatre coins du monde, du ludothécaire incollable sur les nouveautés ludiques et les jeux les plus « décoiffants », à l'auteur d'histoires adaptées à chaque sensibilité... tous ont en commun la volonté de faire partager leur passion et leurs qualités, de les mettre à la libre disposition des enfants qui s'éveillent à la vie. Travaillant souvent dans des conditions particulières, avec des horaires décalés, ils s'occupent du temps libre des enfants, de leur épanouissement social et personnel. Gros plan sur les métiers des loisirs, qui se sont souvent professionnalisés au fil du temps, après de longues années de pratiques bénévoles.

Dans la grande famille des animateurs (dont les animateurs socioculturels et éducateurs sportifs) par exemple, qui compte à elle seule plus de 100 000 personnes, on retrouve ce besoin de professionnalisation. Aujourd'hui, pas question d'improviser, il faut maîtriser sa discipline pour mieux la transmettre aux enfants.

ANIMATEUR SOCIOCULTUREL

Voilà un travailleur social qui anime le temps libre des autres et agit dans le domaine des loisirs. Des missions culturelles qui facilitent la rencontre avec l'art et l'expression artistique (musique, danse, théâtre, peinture) aux actions visant en priorité l'intégration sociale, de l'encadrement des jeunes dans des centres de vacances à l'animation d'ateliers récréatifs dans les maisons de quartier, la palette des possibilités est très vaste. Avec son goût prononcé pour les relations humaines et la communication, l'animateur socioculturel conçoit, organise et développe des activités, afin de favoriser la communication et l'adaptation à la collectivité.
Il est difficile d'estimer le chiffre exact des animateurs actuellement impliqués dans un programme ou un autre : l'appellation du métier reste floue car de nombreux emplois associés à l'animation sont qualifiés du fait de leur caractère temporaire de petits boulots. Une certitude pourtant, ce métier s'installe et se professionnalise depuis vingt ans (ce qui n'enraye malheureusement pas le développement des contrats et des statuts précaires). Par ailleurs, dans ce secteur d'activité en pleine croissance, le social prend souvent le dessus sur le culturel et les professionnels du secteur de l'animation se tournent vers de nouveaux publics, en particulier les jeunes en difficulté d'insertion dans les « quartiers ».
Les salaires des animateurs dépendent de l'employeur et du contrat. Dans la fonction publique territoriale, le salaire mensuel brut de départ d'un animateur principal de 2e classe est de 1 668 euros, et celui d'un animateur de 1re classe (catégorie B) est de 1 836 euros.

L'ART DE L'IMPROVISATION

D'abord animatrice dans un centre de loisirs primaire en Seine-Saint-Denis, puis en centre de vacances en tant que responsable adjointe de la structure, Patricia Bondel a multiplié ses expériences dans l'animation des jeunes. Pour vous, elle dresse le bilan de ses activités.
« J'ai commencé par travailler en tant qu'animatrice dans la ville de Bobigny, sans aucun diplôme, même pas le BAFA en poche. J'ai vraiment aimé ça, mais j'ai eu un public d'enfants difficiles (souvent associables, qui ne supportaient pas la collectivité), et je pense que

j'aurais évité de nombreuses erreurs au début, si j'avais été plus pro. Être animateur, cela ne s'improvise pas, il faut acquérir des réflexes particuliers et un certain savoir-faire. En plus, muni d'un diplôme, on peut se faire payer davantage ! À Bobigny, j'ai exercé au sein d'une équipe. Je devais suivre un projet pédagogique axé autour de la lecture, j'emmenais régulièrement les enfants à la bibliothèque et, avec les autres animateurs, nous avons doté le centre de loisirs de nombreux livres et de BD. J'animais donc les activités, en proposant toujours des nouvelles sous forme de jeu, pour familiariser davantage les enfants à l'écriture. Parfois pour les sorties sur les bases de loisirs par exemple, j'avais en plus une mission d'encadrement.
Le métier d'animateur est plutôt mal rémunéré, mais les conditions de travail varient en fonction du lieu d'exercice. Je sais qu'à la RATP ou à Air France par exemple, les animateurs exercent dans des conditions très privilégiées.
Des conseils à ceux qui se lancent dans la profession ? Multipliez les expériences qui vous font mûrir et faites une formation. Il faut aimer les enfants, essayer de les comprendre, de discuter avec eux..., mais il est important aussi de savoir reconnaître ses erreurs, car on en commet tous forcément. Les animateurs doivent, en tout cas, être un minimum sportifs, avoir des prédispositions aux activités manuelles artistiques et créatives, et à l'improvisation. »

Des lieux d'exercice multiples

Les missions, les tâches et le niveau d'emploi occupé dans la hiérarchie salariale varient selon le secteur d'intervention : tourisme, loisirs récréatifs, éducatifs, action sociale, développement social... Les animateurs sont recrutés par les municipalités, le secteur public, les comités d'entreprise et les entreprises commerciales et surtout par les associations qui offrent le plus grand nombre de débouchés.
Lorsqu'il a une vocation plutôt sociale, l'animateur exerce souvent dans les foyers de jeunes travailleurs et les centres de réadaptation (délinquants, toxicomanes...) où il a un rôle de rééducation au sein d'une équipe pluridisciplinaire.
Plus attiré par le domaine socio-éducatif, il opère dans les maisons de jeunes et de la culture ou les centres culturels communaux, tandis que l'animateur intégré dans un service municipal de la jeunesse met en place des activités sportives et récréatives, en plein air, sur la commune ou ailleurs... Certains animateurs peuvent également intervenir en milieu scolaire, d'autres dans les hôpitaux...

Il y a donc plusieurs sortes d'animateurs, que l'on peut diviser en trois catégories : les « spécialistes » d'un public (enfants...) ou d'une technique (radio, musique...), les « généralistes » qui ont des compétences techniques et organisationnelles, et les animateurs « responsables » qui coordonnent et dirigent les équipements socioculturels.
Face à la montée du désœuvrement des enfants notamment dans les cités et les milieux défavorisés, les animateurs de rue proposent et improvisent toutes sortes d'activités ludiques, en fonction des envies du jour : ils parlent avec les jeunes, organisent des tournois de sport, des sorties... Un travail de proximité qui sert souvent de relais avec les autres animations proposées dans les structures socioculturelles des villes.

POUR LES AMATEURS : LE BAFA

Diplôme qui éveille souvent les vocations chez les futurs animateurs professionnels, le BAFA (brevet d'aptitude aux fonctions d'animateur) est exigé pour tous ceux qui souhaitent encadrer des enfants et des jeunes dans des centres de loisirs. Pour s'inscrire à sa préparation, il faut simplement avoir plus de 17 ans, aucun niveau de diplôme n'étant exigé.
Au cours de la formation, le candidat effectue une session de formation générale de 8 jours minimum et un stage pratique de 14 jours minimum dans un centre de vacances ou de loisirs. Enfin, il suit une session d'approfondissement ou de qualification dans un domaine de son choix : voile, activités de loisirs, surveillance de baignade, etc. Une aide financière a été mise en place mais sous conditions.

Renseignements : www.jeunes.gouv.fr/bafa-bafd

Sa formation

Il n'existe pas une, mais plusieurs formations correspondant à des niveaux d'emploi différents. Certains animateurs se forment sur le tas ou décrochent le BAFA (brevet d'aptitude aux fonctions d'animateur). Ce diplôme non professionnel est le ticket d'entrée classique dans la profession, mais il ne donne généralement pas la possibilité d'aller au-delà des vacations, CDD et autres contrats saisonniers.
Les animateurs qui souhaitent vraiment exercer ce métier doivent préparer un diplôme professionnel délivré par la direction régionale de la jeunesse et des sports.

Le DEJEPS

Pour qui vise les emplois de cadres et de techniciens supérieurs (coordonnateur responsable de centre socioculturel, d'associations, entraîneur sportif...), il faut passer le diplôme d'État de la jeunesse, de l'éducation populaire et du sport (DEJEPS) ou suivre une filière universitaire comme le DUT carrières sociales, option animation socioculturelle.
Diplôme très coté de l'animation, le DEJEPS sanctionne une formation professionnelle de haut niveau fondée sur une pratique d'animation. C'est un titre de niveau III qui permet d'exercer, par exemple, des fonctions de coordonnateur responsable de structure.
L'entrée en formation est conditionnée par la réussite à des tests de sélection organisés par chaque organisme de formation.
Ce diplôme est classé au niveau bac + 2.

▶ **Pour plus de renseignements :** www.sports.gouv.fr

Le DESJEPS

Le DESJEPS (diplôme d'État supérieur de la jeunesse, de l'éducation populaire et du sport) a pour objectif, comme le souligne le site www.sports.gouv.fr, de former *« des professionnels aux fonctions de direction amenés à exercer leur mission dans une association, un club sportif, une entreprise, une collectivité territoriale. Ils sont responsables de la mise en œuvre collective, technique et financière du projet de la structure »*.
L'entrée en formation est conditionnée par la réussite à des tests de sélection organisés par chaque organisme de formation.
Ce diplôme est classé au niveau bac + 3.

Le BPJEPS

De niveau bac, le brevet professionnel de la jeunesse, de l'éducation populaire et du sport s'adresse aux animateurs voulant approfondir leurs connaissances pédagogiques, afin d'obtenir la qualification technique d'animateur. Le ministère des Sports, de la Jeunesse, de l'Éducation populaire et de la Vie associative précise : *« L'entrée en BPJEPS n'est pas soumise à des exigences scolaires. En revanche, l'entrée en formation est conditionnée par la réussite à des tests de sélection organisés par chaque organisme de formation. Pour pouvoir se présenter aux épreuves de sélection qui permettent d'intégrer un cursus de formation, les candidats doivent satisfaire à des exigences préalables techniques fixées par l'arrêté de chaque spécialité et qui concernent généralement le niveau de pratique sportive. »*

À noter : le BPJEPS permet de se présenter aux concours d'animateur territorial et d'éducateur territorial des activités physiques et sportives.

Le CPJEPS (anciennement BAPAAT)

Depuis septembre 2019, le BAPAAT a été remplacé par le certificat professionnel de la jeunesse, de l'éducation populaire et du sport mention animateur d'activités et de vie quotidienne (CPJEPS AAVQ). Ce diplôme d'État est enregistré dans le Répertoire national des certifications professionnelles et classé de niveau III (bac + 2). Le ministère des Sports indique qu'il « *atteste l'acquisition d'une qualification dans l'exercice d'une activité professionnelle en responsabilité à finalité éducative ou sociale, dans les domaines d'activités physiques, sportives, socio-éducatives ou culturelles* ».

Le CPJEPS AAVQ permet de présenter le concours de la fonction publique territoriale d'adjoint territorial d'animation principal de 2e classe.

► Pour plus de renseignements :
www.sports.gouv.fr/emplois-metiers/diplomes/CPJEPS

La filière universitaire

Accessible aux bacheliers qui ont réussi l'épreuve de sélection, le diplôme universitaire de technologie (DUT) carrières sociales, option animation socioculturelle se prépare en deux ans d'études. Il existe actuellement 16 établissements préparant ce diplôme.
Pour les emplois de techniciens, c'est-à-dire les animateurs spécialisés qui prennent en charge des missions d'animation directe auprès du public, le brevet professionnel de la jeunesse, de l'éducation populaire et du sport (BPJEPS) est nécessaire.

Les moniteurs, assistants des animateurs de loisirs, doivent réussir le CPJEPS.
Par ailleurs, les universités proposent des études : licence, master et des IUP qui préparent aussi à des fonctions d'animation.

L'ANIMATION CULTURELLE

Signalons aussi des formations spécifiques aux différents secteurs de l'animation culturelle :
• **Pour l'animation :** Union française des centres de vacances. 140, avenue Jean-Lolive, 93500 Pantin. Tél. : 01 44 72 14 14.
Internet : www.ufcv.fr
• **Et pour l'animateur-interprète :** des stages sont organisés par l'Office franco-allemand pour la jeunesse. OFAJ : 51, rue de l'Amiral-Mouchez, 75013 Paris. Tél. : 01 40 78 18 18.
Internet : www.ofaj.org

Évolution professionnelle

L'animateur socioculturel a la possibilité de passer aisément d'un secteur d'activité à l'autre. Après une expérience dans des villages de vacances, il peut bifurquer vers l'action sociale (clubs de prévention, associations d'insertion…) ou vers les services de proximité par exemple. De nombreux transferts de savoir-faire permettent de passer de l'animation directe à la formation ou à la gestion.
Après avoir fait ses preuves, l'animateur peut devenir « animateur responsable », directeur ou adjoint au directeur d'équipement socioculturel.

▶ **Pour plus de renseignements :**
• Ministère des Sports. Internet : www.sports.gouv.fr
• Ministère du Travail. Internet : http://travail-emploi.gouv.fr

DES POSTES À LA MAIRIE DE PARIS

La mairie de Paris recrute des animateurs pour ses activités dans les centres de loisirs, interclasse, étude surveillée, garderie maternelle, classe découverte…

Pour postuler, il faut avoir plus de 18 ans et disposer du bac pour les études surveillées. Le BAFA est fortement recommandé.
Renseignements : www.paris.fr/autour-de-l-ecole

DIRECTEUR DE CENTRE DE VACANCES ET DE LOISIRS

En colonic de vacances ou dans un centre de loisirs de quartier, le directeur encadre à titre non professionnel et de façon occasionnelle, les enfants ou les adolescents. Responsable de l'établissement, il recrute les différents animateurs et l'ensemble de l'équipe technique, du cuisinier à la femme de ménage. Il propose des objectifs pédagogiques et met en œuvre les moyens nécessaires pour les concrétiser, conseille les animateurs, gère le budget du centre...
Il peut exercer dans un centre aéré qui fonctionne les mercredis ou pendant les vacances scolaires, ou bien intervenir dans les centres de vacances ou les colonies. Mais actuellement, ce sont les centres de loisirs de quartiers qui offrent le plus d'emplois.

Sa formation

Pour devenir directeur d'un centre de vacances et de loisirs, il faut passer le brevet d'aptitude aux fonctions de directeur (BAFD).

Conditions d'accès

Avoir plus de 21 ans et être titulaire du BAFA ou justifier de deux expériences d'animation d'au moins 28 jours en centre de vacances et de loisirs dans les deux ans précédant l'inscription.

Le cursus

Il se décompose en quatre étapes, à effectuer en cinq ans maximum. Le candidat doit d'abord suivre une formation générale de 9 ou 10 jours qui va aborder différents aspects du métier (pédagogiques, financiers, relationnels, matériels...). À l'issue de cette formation, il devient directeur stagiaire, ce qui lui permet d'effectuer un premier stage pratique en centre de loisirs d'une durée de 14 jours. Ce stage généralement rémunéré fait l'objet d'un compte rendu final. Suit alors une session de perfectionnement de 6 jours minimum, qui complète l'apprentissage. Un second stage de 14 jours vient clore le cursus.

Pour obtenir le diplôme, les candidats rédigent le bilan de leur formation qu'ils envoient pour validation au directeur régional de la jeunesse, des sports et de la cohésion sociale.
La formation doit être organisée par une association habilitée.

▶ **Pour plus de renseignements :**

• Direction régionale de la jeunesse, des sports et de la cohésion sociale. Internet : http://drdjscs.gouv.fr

• Ministère de l'Éducation nationale et de la Jeunesse.
Internet : www.jeunes.gouv.fr/formations-et-metiers-de-l/bafa-bafd/article/le-BAFD

ÉDUCATEUR SPORTIF

On l'appelle aussi moniteur, professeur ou guide, en fonction des sports qu'il pratique et de son niveau de qualification. Badminton, ski, voile, boxe, équitation, bobsleigh…
Cet enseignant sportif professionnel peut être spécialisé dans une ou plusieurs activités à la fois. Il a la possibilité d'exercer en indépendant dans des clubs, ou bien d'être salarié d'une administration (mairie, ministère des Sports…), d'un comité d'entreprise, d'un organisme de vacances (UCPA, Club Méditerranée…).
Passion, patience, disponibilité, générosité et adaptabilité sont les maîtres mots de cet animateur professionnel qui doit jongler avec des horaires souvent fluctuants, avec les caractères des enfants et les *desiderata* de leurs parents.

Sa rémunération varie selon la discipline pratiquée, l'employeur, la spécialité et l'importance du club ou de la collectivité pour laquelle il travaille. Comme pour les animateurs socio-éducatifs, une des particularités de la profession est le recours à des emplois précaires, des contrats à durée déterminée… De ce fait, de nombreux éducateurs sportifs changent d'ailleurs de métier en cours de carrière.
Le marché du travail, quant à lui, continue à absorber les éducateurs sportifs diplômés, en particulier ceux spécialisés dans des disciplines en plein essor comme le yoga ou la musculation et autres sports dits de « forme » : stretching, aérobic…

ÉCOUTE ET GÉNÉROSITÉ

Jacques Vidal est éducateur sportif dans une mairie du Limousin. Ce sportif de haut niveau travaille depuis près de 15 ans au service des jeunes et des animations de sa ville.

« Lorsque j'ai commencé à exercer ce métier dans le privé, à l'âge de 20 ans, j'étais alors un grand sportif. Je pratiquais la natation et le ski de fond, et j'avais envie de transmettre mon savoir-faire. Je voulais faire partager mes compétences aux enfants et aux jeunes, leur faire découvrir une nouvelle discipline. J'ai donc passé mon brevet d'État d'éducateur sportif spécialisé dans les activités de natation (devenu BPJEPS spécialité éducateur sportif mention activités aquatiques et de la natation) et travaillé dans un centre de loisirs.

À la mairie, j'interviens au niveau de la politique d'animation sportive avec toute l'équipe municipale : je propose des actions, des manifestations ponctuelles, encadre leur exécution, contrôle l'occupation des équipements sportifs, pour répondre au mieux aux attentes des habitants. Sur le terrain, j'encadre les cours d'athlétisme et de natation, en suivant mon propre projet pédagogique.

Pour pouvoir enseigner un sport, je pense qu'il est indispensable de l'avoir pratiqué soi-même, pour parler des émotions que l'on a vécues lors d'entraînements ou de compétitions. On inculque des règles et une éducation reposant sur la liberté et le respect de chacun. Il faut toujours être capable d'innover dans les exercices proposés, d'éveiller l'attention des enfants, de leur donner envie de se perfectionner dans la pratique du sport… Cela n'est pas toujours évident mais c'est un beau métier que je conseille car il réclame un investissement quotidien permanent. »

Le BPJEPS, un diplôme incontournable

Un impératif pour être éducateur sportif : posséder le brevet professionnel de la jeunesse, de l'éducation populaire et du sport (BPJEPS) délivré par le ministère des Sports. Ce diplôme, qui existe dans de nombreuses disciplines, est accessible, selon les spécialités, aux candidats ayant une expérience dans l'animation ou un BAFA et un titre PSC1 (prévention et secours civiques de niveau 1) qui réussissent les épreuves de sélection (source : Onisep).

► **Contacts :**
• Institut de formation aux métiers sportifs de l'UCPA.
Tél. : 32 60. Internet : http://formation.ucpa.com
E-mail : ucpa-formation@ucpa.asso.fr
• Les instituts agréés préparent le BPJEPS, brevet professionnel de la jeunesse, de l'éducation populaire et du sport. Vous retrouverez tous les détails des formations de l'UCPA sur son site :
Internet : www.ucpa.com
• Concours territorial d'éducateur des activités physiques et sportives. Contact : Fédération nationale des centres de gestion de la fonction publique territoriale. 80, rue de Reuilly, 75012 Paris.
Tél. : 01 53 30 09 99. Internet : http://fncdg.com

MAÎTRE-NAGEUR SAUVETEUR

Ils protègent, surveillent, rassurent et animent... Ces éducateurs sportifs territoriaux enseignent la natation et veillent à la sécurité de la baignade dans les piscines municipales, les clubs de natation ou sur les plages, les lacs ou les rivières.
Leurs missions sont annuelles ou plus fréquemment saisonnières à la plage ou dans les clubs de vacances ; dans ce cas, les nombreux postes à pourvoir sont précaires, mais les besoins de maîtres-nageurs ne manquent pas. La rémunération est, quant à elle, souvent un peu plus élevée dans une piscine privée ou dans un club. La possibilité de donner des leçons de natation permet d'augmenter le salaire.

Le BPJEPS, passeport du maître-nageur

Le maître-nageur sauveteur doit obligatoirement avoir le BPJEPS (brevet professionnel de la jeunesse, de l'éducation populaire et du sport) spécialité éducateur sportif mention activités aquatiques et de la natation. Mais d'autres titres permettent d'accéder à la profession (sous réserve d'un certificat de spécialisation sauvetage et sécurité en milieu aquatique ou équivalent) :
• DEJEPS spécialité perfectionnement sportif ;
• DESJEPS spécialité performance sportive (mentions natation course ou natation synchronisée) ;
• DEUST animation et gestion des activités physiques et sportives ou culturelles ;

• licence Staps (sciences et techniques des activités physiques et sportives) – entraînement sportif ;
• licence pro animation, gestion et organisation des activités physiques et sportives, parcours activité aquatique et surveillance.

Sachez que le brevet national de sécurité et de sauvetage aquatique (BNSSA) est également une autre piste si vous souhaitez surveiller.

► Informations sur le site www.sports.gouv.fr (ministère des Sports) et sur www.natationpourtous.com

Évolution professionnelle

Au fil des ans, le MNS peut devenir chef de bassin pour encadrer des MNS et seconder le chef d'établissement des bains, directeur d'installations nautiques, éducateur sportif, voire chef de service des sports. Après avoir passé un concours, il peut également devenir conseiller des activités physiques et sportives dans la fonction publique territoriale ou pour la ville de Paris.

Tous les cinq ans, le MNS doit suivre une formation afin de décrocher le CAEPMNS (certificat d'aptitude à l'exercice de la profession de maître-nageur sauveteur). Délivré à l'issue d'un stage organisé par la direction régionale de la jeunesse et des sports, ce certificat atteste que le candidat présente toujours des garanties physiques et techniques suffisantes pour exercer son métier.

► **Pour plus de renseignements :** contactez la mairie de Paris : Internet : www.paris.fr/pages/les-concours-de-la-ville-25

► **Contacts :**

• Fédération des maîtres-nageurs sauveteurs. 11, rue Henri-Barbusse, 33110 Le Bouscat. Tél. : 05 24 61 44 81.
Internet : www.fmns.fr
• Fédération nationale des métiers de la natation et du sport (FNMNS). Maison des Sports, BP 70001, 13 rue Jean-Moulin, 54510 Tomblaine. Tél. : 03 83 18 87 57. Internet : https://fnmns.com
• Fédération française de sauvetage et de secourisme. 28, rue Lacroix, 75017 Paris. Tél. : 01 46 27 62 90. Internet : www.ffss.fr

2 – AUTOUR DU LIVRE ET DES JEUX

BIBLIOTHÉCAIRE JEUNESSE

Les bibliothécaires exercent dans les bibliothèques municipales, universitaires, spécialisées ou les grandes bibliothèques publiques d'information comme celle du Centre Georges-Pompidou, la BNF... Certains d'entre eux, spécialisés dans la section « jeunesse » travaillent dans les bibliothèques pour enfants ou s'occupent de l'espace réservé aux enfants dans celles destinées aux adultes. Entièrement libres de leurs choix, ils sélectionnent et achètent les livres en fonction de ce qui leur semble convenir le mieux aux goûts des jeunes lecteurs, ils mettent en valeur les collections pour favoriser l'accès aux ouvrages et se tiennent toujours au courant des nouvelles parutions.
Moteur essentiel dans la vie d'une bibliothèque et responsable du confort et de l'ambiance que dégagent les lieux, le bibliothécaire doit avoir le sens du contact : il accueille les enfants, les oriente dans leur choix, leur donne son avis sur telle ou telle lecture, et suscite de nouvelles envies quand les jeunes lecteurs le sollicitent bien sûr, car beaucoup d'enfants préfèrent se débrouiller par eux-mêmes au milieu des livres.

L'invitation à la lecture

Par ailleurs, pour initier les enfants à la lecture, le bibliothécaire organise des animations sur un thème ou invite des intervenants extérieurs comme des conteurs, des marionnettistes, des illustrateurs de bandes dessinées... Souplesse, largeur d'esprit, adaptabilité et facilités relationnelles constituent les qualités évidentes pour exercer cette profession, particulièrement proche du jeune public. Le bibliothécaire met également en place des activités en partenariat avec différentes écoles maternelles ou primaires : ponctuellement, une classe vient découvrir le fonctionnement des lieux et écouter des histoires.
Ces fonctionnaires de l'État ou des collectivités territoriales sont recrutés uniquement par concours, en fonction de leur niveau de qualification. En termes de salaire, un bibliothécaire territorial gagne

entre 1 818 euros bruts par mois lorsqu'il débute et 3 739 euros bruts par mois au dernier échelon du grade de bibliothécaire principal.

Les concours : un passage obligé

État ou collectivité locale, chacun organise son propre mode de recrutement, mais malgré des appellations différentes, les conditions et les épreuves d'admission sont souvent les mêmes.

Les concours de catégorie A

Ils sont ouverts aux titulaires de niveau bac + 3. Il existe des concours pour les conservateurs des bibliothèques, chargés de la constitution et de l'exploitation des collections, et pour les bibliothécaires qui participent à la mise en valeur des ouvrages.

Le concours de catégorie B

Il permet de recruter des assistants qualifiés de conservation et des bibliothécaires adjoints spécialisés. Ces futurs assistants doivent être titulaires du baccalauréat pour passer le concours. Aucune formation spécifique n'est demandée aux candidats. Ce n'est qu'une fois admis au concours que les candidats reçoivent une formation professionnelle à l'ENSSIB (École nationale supérieure des sciences de l'information et des bibliothèques).

Le concours de catégorie C

Pour passer le concours de magasinier principal des bibliothèques il faut être en possession du brevet des collèges ou d'un titre reconnu niveau V.
À noter que le concours externe n'est pas proposé tous les ans (le prochain est programmé pour 2021).

L'ENSSIB prépare pendant 18 mois (3 semestres) au diplôme de conservateur de bibliothèque (après la réussite au concours) qui permet à ses titulaires d'exercer des tâches d'encadrement. La formation est divisée en trois semestres : le premier est consacré à la culture générale professionnelle, au management, à la bureautique, etc.,

le second propose un stage et le troisième est consacré au choix des options (patrimoine ou services aux publics).
Pour le concours, se renseigner auprès du ministère de l'Enseignement supérieur et de la Recherche.

► **Pour plus de renseignements :**
• Ville de Paris. Internet : www.paris.fr
• Ministère de la Culture. Internet : www.culture.gouv.fr
• Association des bibliothécaires de France (ABF). 31, rue de Chabrol, 75010 Paris. Tél. : 01 55 33 10 30. Internet : www.abf.asso.fr
• Ressources de l'information de la BNF sur les métiers du livre. http://bnf.libguides.com/metiersdulivre#&panel1-1

AUTEUR

De nombreux écrivains choisissent d'écrire pour les enfants. Ils aiment cet univers simple et complexe à la fois, la fraîcheur et la clarté qui ouvrent les portes d'un monde fantastique et imaginaire. Pour adopter un style qui captive les enfants, il faut connaître leurs exigences, les côtoyer pour se familiariser à leur vocabulaire simple et très imagé à la fois, mais aussi aimer créer en solitaire, seul face à son écran.

Toujours sur la brèche

L'auteur doit écrire beaucoup, chercher des idées qui ne soient pas forcément très originales mais créatives, et les jeter sur le papier encore et toujours. Dès qu'il passe à la vitesse supérieure, et qu'il aborde le monde de l'édition, l'aventure se complique.
Avant d'envoyer son manuscrit, il faut apprendre à découvrir les maisons d'édition, leurs orientations culturelles, leur politique éditoriale, surtout s'il s'agit des grands colosses de l'édition jeunesse comme Hachette ou Bayard Presse. Les débuts dans cette profession où il faut faire preuve de talent, mais aussi avoir de la chance, sont souvent difficiles. Une attitude primordiale : garder le moral ! Oubliés la sécurité de l'emploi et le salaire fixe en fin de mois : même si un manuscrit réussit à atterrir dans les vitrines des libraires, l'auteur ne sera rémunéré qu'une fois par an en droits d'auteur, en fonction du volume des ouvrages écoulés.

Pour cette raison, de nombreuses personnes qui se lancent dans la rédaction de textes pour enfants travaillent avec plusieurs éditeurs, et exercent un métier en parallèle comme journaliste, animateur, professeur des écoles…
Ceux qui arrivent à percer, à publier des manuscrits et à être reconnus par la profession, réussissent généralement à écrire de façon régulière pour leur maison d'édition, mais ils ne sont jamais complètement à l'abri des revirements de politique de la maison.

LA MAGIE DES HISTOIRES ET DES AVENTURES

Marie Saint-Dizier écrit depuis vingt-cinq ans des histoires pour enfants. Auteur d'une bonne trentaine de romans, elle fut une des premières à mélanger le fantastique et l'humour en France. À son palmarès, *Les Portes s'ouvriront sept fois* (Folio-Junior, Prix Chronos 98) et *La Photo de classe* (Poche, Hachette). Férue de romans policiers et de littérature anglo-saxonne, elle écrit sous le signe du mystère et de l'insolite des textes où les enfants deviennent sorciers et où des adolescents entendent penser leurs voisins dans leur baladeur !
Marie Saint-Dizier se raconte des histoires depuis qu'elle est toute petite. Après un DEA de sciences sociales sur le roman-feuilleton (désormais master recherche), elle devient lectrice dans l'édition. Sa rencontre avec les livres pour enfants est un coup de foudre.
« Je découvrais des récits étrangers qui mélangeaient les genres, humour, fantastique, merveilleux, souvent révélateurs d'une réalité plus excitante. Le soin apporté à la couverture, au choix du papier, aux illustrations, rendait ces livres pleins de magie. Malheureusement, ils n'étaient pas publiés car "en dehors des normes de la collection" selon la formule consacrée. »
Au travail de lecture s'ajoute la révision de textes et la traduction (notamment de la plupart des récits de Roald Dahl) ce qui lui permet plus tard de considérer ses propres textes avec plus de distance, pour les corriger. Elle participe à la création de collections, puis écrit.
« Je puise surtout mes idées dans le souvenir et je glisse vers l'insolite en m'amusant au jeu du "comme si". Essentiel : je n'ai pas à me mettre à la hauteur des enfants car j'y suis déjà. Au cours d'animations et d'ateliers, je rencontre mes lecteurs pour que l'intuition de mon enfance reste en prise avec la société d'aujourd'hui. Ensemble, nous inventons des histoires. Dans un premier temps, ils se rendent compte que mes idées surgissent exactement comme les leurs, sous la douche, au cinéma, dans le bus… L'important est qu'ils découvrent la richesse de leur matériau qui est en eux-mêmes. Dans un deuxième temps, ils participent à des jeux créatifs qui émoustillent leur imagination. Ensuite, ils trient leurs idées pour mieux les structurer.
Dans ce métier, l'insécurité est le souci majeur, sauf si on a une seconde profession qui permet d'écrire l'esprit tranquille. Celui qui le

choisit doit savoir que personne ne l'obligera à se lever le matin, qu'il n'aura pas de salaire fixe à la fin du mois et que le récit sur lequel il a longtemps travaillé peut très bien être refusé. Mais c'est aussi une joie de pouvoir organiser son temps à son gré, d'écrire à quatre heures du matin si on en a envie, de n'avoir de compte à rendre qu'à soi-même. D'autant plus qu'une histoire ne s'invente pas juste avec des mots. Elle se raconte avec des images et des sons, avec une pièce théâtrale, de bien des façons avec le multimédia, ce qui veut dire qu'au travail solitaire s'ajoute le travail en équipe, selon les coups de foudre des rencontres. Une piste de plus pour un métier qui peut être très diversifié. »

Pas de formation professionnelle

Les auteurs viennent des horizons les plus divers. Clarté de l'expression, esprit critique et culture générale obligent, ils ont souvent suivi des études de lettres et de sciences humaines. Certains ont participé à des ateliers d'écriture pour apprendre à structurer un récit et à hiérarchiser leurs idées, mais la plupart se sont formés sur le tas en suivant des stages dans des maisons d'édition pour enfants.

► L'association Paris-Ateliers subventionnée par la mairie de Paris propose un atelier écriture littéraire. Internet : www.paris-ateliers.org

ILLUSTRATEUR

C'est l'artiste qui se rapproche le plus du peintre. Presse écrite ou livres pour enfants, l'illustrateur parfois appelé *roughman* (celui qui traduit une idée en croquis) réalise souvent des dessins commandés par un client, pour lesquels il est payé au coup par coup. Il doit faire preuve d'imagination et de créativité certes, mais aussi d'adaptabilité et d'une grande capacité de réaction aux exigences des éditeurs. Il préfère la plupart du temps vendre ses dessins à la presse qu'aux maisons d'éditions, qui ont tendance à moins bien le rémunérer.
Avoir du talent et un solide réseau de connaissances est indispensable pour se frayer un chemin dans le secteur, mais ne vous leurrez pas, le marché de l'emploi est soumis à une forte mobilité et les places sont chères. Inutile de dire que la rémunération de ces professionnels fluctue en fonction des dessins vendus et qu'il faut beaucoup de ténacité pour vivre de son art.

Sa formation

La plupart des illustrateurs professionnels ont suivi une école d'art graphique. Reliés au ministère de la Culture, plus de cinquante établissements permettent d'acquérir une solide assise technique. Les grandes écoles restant l'École nationale supérieure des arts décoratifs (ENSAD) et les Beaux-Arts.

Les écoles d'arts graphiques

On y accède au niveau du baccalauréat, après avoir passé une épreuve pratique, un écrit et un entretien avec un jury qui examine le dossier artistique du candidat. Ces établissements délivrent le diplôme national d'art (DNA) en trois ans après le bac, et le diplôme national supérieur d'expression plastique (DNSEP) en deux ans après le DNA (bac + 5).

En DNA, après une première année commune, trois options sont proposées en deuxième année : art, design ou communication. Ceux qui souhaitent devenir illustrateurs opteront de préférence pour l'option communication. Le cursus alterne cours, ateliers, séminaires et projets personnels.

Attention : le passage en DNSEP n'est pas automatique.

Le DNSEP dure deux années de plus. L'élève poursuit l'étude de son option, développe un projet artistique et prépare un mémoire. Il peut également partir étudier un semestre dans une école d'art à l'étranger et/ou faire un stage.

À noter : il existe un nouveau diplôme, le DN MADE (diplôme national des métiers d'art et du design) en trois ans après le bac, préparé dans les écoles supérieures d'arts appliqués ; les futurs illustrateurs choisiront de préférence la mention livre ou graphisme. On y accède sur dossier scolaire et lettre de motivation. Un dossier de travaux artistiques peut également être demandé.

L'École nationale supérieure des arts décoratifs (ENSAD)

En cinq ans, les Arts déco forme des créateurs qui interviendront dans la conception et la réalisation du cadre de vie. Pour intégrer l'école, il faut avoir moins de 25 ans et être titulaire du baccalauréat.

Il est toutefois conseillé d'avoir déjà suivi une préparation artistique, car la sélection à l'entrée est draconienne et un dossier de travaux personnels doit être déposé dès l'inscription. En 2019, 79 candidats ont été admis pour 2 135 postulants.

École nationale supérieure des beaux-arts (ENSBA)

Elle forme des créateurs dans le domaine du dessin, de la peinture, des techniques d'impression, de la sculpture et du multimédia.
Un examen d'entrée sélectif permet d'accéder en première année : il faut avoir entre 18 et 24 ans, présenter un dossier de travaux personnels et réussir les épreuves d'admission (épreuve de dessin ; épreuve de culture et d'analyse ; présentation du dossier de travaux personnels et entretien avec le jury). Pour les titulaires de diplômes d'arts plastiques, il existe d'autres possibilités d'entrée aux Beaux-Arts en cours d'études (à bac + 2 ou après deux années d'expérience professionnelle minimum). En tout, la formation dure cinq ans, elle est sanctionnée par le diplôme national supérieur d'arts plastiques.
Par ailleurs, en plus de ces écoles délivrant des diplômes nationaux, d'autres établissements proposent des cursus spécifiques. C'est le cas de l'École professionnelle supérieure d'art graphiques de la Ville de Paris (EPSAA) par exemple, qui propose notamment une formation aux arts graphiques.
Il existe aussi des formations spécialisées en bande dessinée : l'École européenne supérieure de l'image à Angoulême et Poitiers ainsi que l'école Émile-Cohl de Lyon. L'École supérieure d'art de Lorraine à Épinal délivre également une formation à destination des graphistes et des illustrateurs.

► Contacts :

- École nationale supérieure des arts décoratifs. 31, rue d'Ulm, 75240 Paris cedex 05. Tél. : 01 42 34 97 00.
Internet : www.ensad.fr
- École nationale supérieure des beaux-arts. 14, rue Bonaparte, 75006 Paris. Tél. : 01 47 03 50 00. Internet : www.beauxartsparis.fr
- École professionnelle supérieure d'arts graphiques de la Ville de Paris. 1, place Pierre Gosnat, 94200 Ivry-sur-Seine.
Tél. : 01 56 20 24 70. Internet : www.epsaa.fr

• École européenne supérieure de l'image Angoulême et Poitiers. Site d'Angoulême : 134, rue de Bordeaux, 16000 Angoulême. Tél. : 05 45 92 02 22. Site de Poitiers : 26, rue Jean-Alexandre, 86000 Poitiers. Tél. : 05 49 88 82 42. Internet : www.eesi.eu
• École Émile Cohl. 1, rue Felix-Rollet, 69003 Lyon. Tél. : 04 72 12 01 01. Internet : www.cohl.fr
• École supérieure d'art de Lorraine-Épinal. 15, rue des Jardiniers, 88000 Épinal. Tél. : 03 29 68 50 66. Internet : www.esae.fr

► **Pour plus de renseignements :**
• Ministère de la Culture. Internet : www.culture.gouv.fr
• Union nationale des peintres-illustrateurs (UNPI) : Internet : www.unpi.net
• La Maison des artistes (www.lamaisondesartistes.fr) donne des informations professionnelles sur tout ce qui est financement, statuts juridiques, régimes sociaux et fiscaux des artistes...

LUDOTHÉCAIRE

Les ludothèques sont généralement intégrées aux maisons de quartier, MJC, centres de loisirs ou culturels, bibliothèques ou médiathèques, et sont, pour la plupart, associatives ou municipales, avec leur propre fonctionnement. Les ludobus, appelés aussi « joujoubus », sont également développés : ces véhicules itinérants desservent des écoles et les structures d'accueil pour les enfants. Au sein de cet espace culturel contemporain, le jeu est roi. Grands et petits, parents et enfants viennent y découvrir des centaines de jouets, de jeux de construction, de stratégie, de mémoire, des camions, dînettes, marionnettes, poupées... à emprunter ou à utiliser sur place. Un royaume ludique où le ludothécaire se consacre à l'enrichissement du stock de jeux qu'il choisit et teste avant de le proposer au public. Gestionnaire du bon déroulement du prêt, il n'oublie jamais d'expliquer les règles des jeux les plus inhabituels.

L'indispensable goût du jeu

Les ludothécaires s'intéressent aux activités ludiques et aux enfants, en leur ouvrant les portes de l'imaginaire ce qui contribue à leur épanouissement. La plupart d'entre elles (le métier est essentiellement féminin) ont débuté par le bénévolat avant de devenir salariées.
Le rôle social de ce métier, qui requiert un grand sens du contact et des relations humaines, est essentiel en matière de prévention : à travers le jeu et la détente, les enfants, entre eux ou avec leurs parents, redécouvrent le plaisir de jouer ensemble. La ludothécaire est là pour que les usagers se sentent à leur aise et respectent les règles élémentaires du bien vivre dans un lieu public. Parfois, à la demande du public, elle organise des tournois ou présente des jeux venus d'ailleurs.

LA CLÉ DES JEUX

Jocelyne Préveral est responsable de la ludothèque Planète Jeux, gérée par le comité d'entreprise de la SNCF. Après avoir exercé comme éducatrice de jeunes enfants dans une halte-garderie, elle s'est lancée dans la nouvelle aventure des ludothèques en se formant sur le tas : un pari auquel elle a cru dès le début.
« Ce métier est passionnant et vous n'imaginez pas quel outil extraordinaire représente le jeu pour favoriser la communication entre les enfants et les adultes. Ici, je m'occupe de la gestion du budget de la ludothèque pour l'achat des jeux. Dès l'arrivée de la commande, je prépare ces jeux : il s'agit de les plastifier, de numéroter les pièces, d'apprendre les règles, pour qu'ils soient prêts à l'emploi.
Mon rôle est bien sûr d'accueillir le public, de le conseiller, de l'aider à mettre en place le jeu... Il est rare que je participe à tout le déroulement d'une partie. J'ai l'habitude des différents mécanismes des jeux que l'on peut répartir en plusieurs grandes familles. À la ludothèque, je connais les règles des jeux dont nous disposons : le fonctionnement des jeux traditionnels bien sûr, mais aussi les règles de ceux venus d'autres pays. Quelquefois, avec des enfants ou des adultes (car je reçois de nombreux adultes), nous inventons, nous en fabriquons de nouveaux.
J'organise souvent des animations ponctuelles. La semaine dernière était consacrée au célèbre jeu de société Quarto, le mois précédent, j'avais monté un atelier Kapla.
La ludothèque Planète Jeux est une structure de quartier assez importante qui travaille aussi en partenariat avec une bibliothèque, un centre de loisirs et une crèche parentale.

Il est nécessaire lorsque l'on s'oriente vers ce métier, d'avoir le sens du contact, d'aimer jouer, d'être curieux et surtout d'être un bon gestionnaire de stock.
Certains adolescents croient que l'on joue toute la journée et trouvent cela magnifique, mais ce n'est que le haut de l'iceberg, car il faut contrôler et s'assurer de l'état des jeux ce qui est long et minutieux.
En tout cas, le métier de ludothécaire se professionnalise de plus en plus. Avec le développement du temps libre et des loisirs, de nombreuses structures institutionnelles ont aujourd'hui des projets de ludothèques, alors qu'avant ces projets relevaient plutôt d'initiatives individuelles. C'est une profession d'avenir. »

Sa formation

Le métier de ludothécaire est récent et connaît actuellement un essor : la première ludothèque a vu le jour en France à Dijon en 1967. En 1979, le territoire national ne comptait encore qu'une centaine de ces structures. L'État reconnaît peu de formations.
On peut tout de même citer : la licence professionnelle médiation par le jeu et gestion de ludothèque à l'IUT de Bordeaux-Montaigne, la licence professionnelle conception, distribution, animation, médiation, de la filière jeu et jouet à l'université d'Angers et le master mention sciences de l'éducation spécialité sciences du jeu à l'université Paris XIII ainsi que le BPJEPS spécialité animateur mention loisirs tous publics.
L'Association des ludothèques françaises (ALF) propose aussi des stages de formation continue (voir plus loin l'encadré « L'Association des ludothèques françaises »).

▶ Contacts :

• IUT de Bordeaux-Montaigne. 1, rue Jacques-Ellul, 33080 Bordeaux cedex. Tél. : 05 57 12 20 44. Internet : www.iut.u-bordeaux-montaigne.fr
• UFR ESTHUA, tourisme et culture de l'université d'Angers. 7, allée François-Mitterrand, BP 40455, 49004 Angers. Tél. : 02 44 68 81 00. Internet : www.univ-angers.fr
• Université Paris XIII. UFR des lettres, des sciences de l'homme et des sociétés. 99, avenue Jean-Baptiste-Clément, 93430 Villetaneuse. Tél. : 01 49 40 30 00. Internet : www.univ-paris13.fr

L'ASSOCIATION DES LUDOTHÈQUES FRANÇAISES (ALF)

Née en 1979, l'ALF favorise la création des ludothèques, qu'elle coordonne et représente au niveau national. Par le biais de ces antennes régionales, elle leur apporte aide, conseils et soutien logistique.
Cette association agréée par le ministère des Sports, œuvre à la reconnaissance de ces nouveaux lieux de vie et à celle du métier de ludothécaire, en participant à la mise en place de formations. C'est elle qui fournit au public et aux professionnels tous les documents et les études concernant ces structures de jeux. Ce rôle de communication passe avant tout par la diffusion d'une lettre d'information trimestrielle et par l'organisation de l'université d'été. En juillet, les différents ludothécaires se réunissent à Cholet et mettent en commun leurs expériences et leurs réflexions autour du jeu, du métier, de l'accueil des enfants ou des professionnels.

▶ **Contact :** Association des ludothèques françaises. 180 bis, rue de Grenelle, 75007 Paris. Tél. : 01 43 26 84 62.
Internet : www.kananas.com/associationdesludothequesfrancaises
Sur ce site, vous trouverez l'annuaire des ludothèques.

3 – TOUS EN SCÈNE !

CLOWN

Loin de toute routine, le clown est intimement lié à l'univers imaginaire des enfants. Avec son nez rouge, son nœud papillon coloré et ses grandes chaussures, il est capable de parler aux enfants, de les émerveiller en tournant la réalité en dérision par des mimes et toutes sortes de grimaces. Le clown improvise, innove, se met comme par magie dans des situations grotesques frisant le ridicule, gags et trouvailles s'accumulent et ça marche…

Pas seulement sous le chapiteau

Quand on pense clown, on pense cirque. Mais loin de cette évidence, il existe de nombreux professionnels qui n'ont jamais exercé sous un chapiteau. Certains interviennent dans des théâtres, des music-halls, d'autres lors de manifestations locales ou internationales, ou encore dans les écoles pour des animations ponctuelles ou dans des hôpitaux, lorsqu'ils rendent visite aux enfants malades pour essayer de les distraire de leur quotidien douloureux. Tous ont en commun la volonté de faire rire les petits.
Pour les clowns, comme pour les autres métiers du spectacle, les emplois fixes sont rares. Ces professionnels ont le statut d'intermittents du spectacle et sont payés au cachet.

UN CLOWN PAS COMME LES AUTRES

Henri Thébaudeau est devenu clown après avoir suivi une formation théâtrale. Il a commencé par voyager avec une troupe œcuménique en tant que comédien et après un DEA d'enseignement de théâtre (désormais master recherche), à l'Université, l'idée d'être clown a pris forme. Gros plan sur le vécu d'un personnage hors du commun qui anime aujourd'hui l'atelier clown à l'hôpital de jour de Coulommiers (Seine-et-Marne) pour enfants malades.
« Après l'université, j'ai fait le tour du monde au sein de différentes troupes de clowns, avec lesquelles j'ai aussi participé à de grands festivals comme Avignon ou Nancy. J'adore les mômes, j'ai envie de les faire rire et de les soulager quand ils souffrent.

À l'atelier clown, j'arrive avec ma vraie valise pleine d'accessoires et d'instruments, je fais des sketches en utilisant des objets qui sont hors du quotidien des enfants, j'invente et j'improvise. J'aime transgresser l'univers des adultes en apportant la preuve de ma personnalité par l'absurde et les gamins adorent ça…
Je gère le ridicule, ce qui est très important à l'égard d'enfants psychotiques qui ont justement des problèmes de personnalité.
C'est très gratifiant de travailler avec eux. Les premières fois que j'intervenais dans ce contexte, je pleurais en rentrant chez moi, ça déclenche de telles émotions…
Pour être clown, il faut être sincère, généreux et avoir envie de faire rire les autres, de séduire de façon originale. C'est un métier qui me plaît, car on est à la fois artiste et créateur. Il faut avoir de la chance quand on démarre, mais surtout faire preuve de créativité sans prendre appui sur un répertoire de musée. Je suis contre un apprentissage exclusivement technique, car l'essence même d'un artiste est liée à la découverte de son propre mode de création.
Je pense que ce n'est pas un métier de jeunesse, car si on ne sait transgresser que les interdits des enfants (obéissance, politesse…), le clown meurt. Pour que se développe un art majeur, il faut une certaine maturité et se pencher vers la transgression des interdits. C'est plus facile de faire rire un enfant quand on est père que quand on est jeune. »
Henri Thébaudeau développe actuellement un projet pour faire partager son expérience dans des centres de formation d'apprentis, où il va mettre en place des créations théâtrales avec des enfants souvent issus de l'échec scolaire.

Sa formation

Comme Henri Thébaudeau, beaucoup de clowns diront qu'il est inutile de suivre une formation, car l'apprentissage passe par une quête artistique propre à chaque artiste. Cela dit, il existe de nombreuses écoles de théâtre et de cirque qui peuvent apporter une certaine assise à l'épanouissement professionnel.
Le brevet artistique des techniques du cirque de niveau IV de l'ENACR et le diplôme national supérieur professionnel d'artiste de cirque (DNSP) de niveau II délivré par le CNAC sont reconnus par les ministères de la Culture et de l'Éducation nationale.

CNAC et ENACR

Enseigné sur trois ans, le cursus ENACR/CNAC (les deux écoles sont partenaires) propose une formation menant au diplôme national supérieur professionnel d'artiste de cirque (diplôme de niveau II) avec une première année préparatoire supérieure à l'ENACR (admission sur concours puis DNSP 1). Les enseignements de deuxième année (DNSP 2) et de troisième année (DNSP 3) se déroulent au CNAC. Un trimestre d'insertion professionnelle est également prévu en dernière année.

À noter : de nombreuses écoles privées préparent aux métiers du cirque, la plus connue étant celle d'Annie Fratellini : Académie Fratellini, 1-9, rue des Cheminots, 93210 Saint-Denis-La Plaine. Tél. : 01 49 46 00 00. Internet : www.academie-fratellini.com

► Contacts :

• École nationale des arts du cirque de Rosny-sous-Bois (ENACR). 22, rue Jules Guesde, 93110 Rosny-sous-Bois. Tél. : 01 56 63 05 40. Internet : www.enacr.com

• Centre national des arts du cirque. 1, rue du Cirque, 51000 Châlons-en-Champagne. Tél. : 03 26 21 12 43. Internet : www.cnac.fr

• École nationale du cirque. La Manufacture. 2, allée de la laïcité, 86100 Châtellerault. Tél. : 05 49 85 81 81.
Internet : www.ecoledecirque.org
Ici, les jeunes qui se destinent aux métiers du cirque peuvent suivre un baccalauréat avec une spécialité arts du cirque, et les professionnels ont la possibilité de faire des stages de spécialisation ou de perfectionnement.

► Pour plus de renseignements :

• Fédération française des écoles de cirque. 13, rue Marceau, 93100 Montreuil. Tél. : 01 41 58 22 30. Internet : www.ffec.asso.fr

• Artcena – Centre national des arts du cirque, de la rue et du théâtre. 68, rue de la Folie-Méricourt, 75011 Paris. Tél. : 01 55 28 10 10. Internet : www.artcena.fr. Ce centre possède un centre de documentation et des annuaires de professionnels.

MARIONNETTISTE

Au théâtre ou dans une salle de classe, dans un centre culturel ou une baraque improvisée, seul ou au sein d'une troupe, le marionnettiste bénéficie toujours de l'affection des enfants.

L'art du geste

Un « simple » jeu de poignet, une vibration différente dans la voix et voilà que cet artiste donne vie aux personnages les plus variés. Ce bricoleur de génie, épris de mouvements et d'actes insolites, improvise. Il crée son espace gestuel, mêle rythme, musique et voix, dans le but de communiquer une histoire, une aventure, une passion.
La profession de marionnettiste est réservée à un petit nombre de personnes et des places sont à prendre pour qui veut se lancer dans la pratique au niveau professionnel, car la plupart des marionnettistes restent encore trop souvent aujourd'hui des amateurs.
Les revenus varient en fonction du lieu où l'on joue, de la troupe à laquelle on appartient : comme pour le théâtre, certaines compagnies croulent sous les propositions et les contrats, d'autres doivent se contenter de représentations ponctuelles.

Une formation de référence

C'est dans la ville de la marionnette, Charleville-Mézières que se trouve l'École nationale supérieure des arts de la marionnette (ESNAM), située au sein même de l'Institut international de la marionnette. Premier et unique établissement préparant des professionnels, l'ESNAM accueille non seulement des candidats français, mais aussi des prétendants venus des quatre coins du monde.
Elle dispense une préparation de base identique à l'éducation du comédien, le marionnettiste étant lui-même homme de théâtre, menant au diplôme national supérieur professionnel de comédien spécialité acteur-marionnettiste, mais transmet aussi le plaisir de vivre l'imaginaire, en prise directe avec le monde professionnel.

Conditions d'entrée à l'ESNAM

L'école ouvre une session d'admission tous les trois ans, la prochaine aura lieu en 2020. Les candidats doivent avoir 18 ans mais moins de 26 ans, être titulaires du baccalauréat (ou équivalent) et justifier d'une pratique théâtrale d'au moins un an (les autres expériences de pratique artistique sont également prises en compte).
Pour être admissible, le candidat doit passer un entretien de motivation, une audition (interprétation d'une scène classique et d'une scène mettant en jeu la marionnette) et une improvisation dramatique à partir de matériaux et marionnettes mis à disposition. Il doit également faire la critique d'un spectacle qu'il a vu récemment, et une lecture en français d'un poème ou d'un texte en prose proposé par le jury. Le jeune retenu par le jury fait ensuite un stage probatoire de cinq jours, à l'issue duquel il présente un programme individuel devant un jury qui décide alors de son admission définitive. En général, entre 10 et 15 candidats sont admis tous les trois ans. La formation dure trois ans. Pendant la première année, les élèves apprennent les connaissances de base du théâtre et de la marionnette : arts plastiques, travail corporel, interprétation, dramaturgie et scénographie, travail vocal.
En deuxième année, ils conçoivent et réalisent des spectacles et la dernière année est plutôt réservée à la mise en place d'un projet personnel.

▶ Pour plus de renseignements :

• École supérieure nationale des arts de la marionnette : 7, place Winston-Churchill, 08000 Charleville-Mézières. Tél. : 03 24 33 72 50. Internet : www.marionnette.com (cette école dépend de l'Institut international de la marionnette).
• Artcena. 68, rue de la Folie-Méricourt, 75011 Paris.
Tél. : 01 55 28 10 10. Internet : www.artcena.fr
• Association nationale des théâtres de marionnettes et des arts associés (Themaa). 24, rue Saint-Lazare, 75009 Paris.
Tél. : 01 42 80 55 25. Internet : www.themaa-marionnettes.com
Cet organisme qui regroupe plus de 300 adhérents issus des compagnies existant aujourd'hui en France, informe sur la profession.
• Union internationale de la marionnette (Unima). 10, cours Aristide-Briand, BP 402, 08107 Charleville-Mézières. Tél. : 03 24 32 85 63. Internet : www.unima.org

CONTEUR

Il captive au rythme des mots et fait rêver enfants et adultes sur des histoires de contrées lointaines et de mondes magiques…

Le règne de l'imaginaire

Le conteur puise dans son réservoir inépuisable d'histoires de tous pays, de légendes issues de la tradition orale, pour faire basculer son public dans une autre réalité. Un métier difficile qui réclame des qualités d'orateur certaines, de l'imagination et qui, surtout, ne s'improvise pas : être conteur demande en effet des années de pratique et d'entraînement.
Tel un comédien, il sait créer une certaine ambiance en jouant sur le ton de sa voix, sur des mimiques et des gestes précis, sur sa tenue, en s'entourant d'un décor approprié. Souvent, il raconte à l'aide de petits instruments, de grelots, bâtons de pluie et autres objets qui favorisent le suspense et les émotions.
Le conteur travaille essentiellement en indépendant. Connu par le bouche-à-oreille, il intervient auprès des enfants dans les écoles, les hôpitaux, les théâtres, les centres culturels, les bibliothèques, les mairies, les goûters à la maison, mais aussi dans des soirées contes, des restaurants… plutôt réservés à un public d'adultes.
C'est un métier en pleine expansion qui suscite de nombreuses vocations, où tout se joue sur le relationnel. Pour faire sa place dans le milieu, il est conseillé de participer à des festivals, des soirées contes, et ne pas hésiter à tisser un réseau de relations pour se faire connaître.
Selon le Conservatoire contemporain de littérature orale (Clio), on estime à plus de 300 les conteurs professionnels qui parcourent la France aujourd'hui. Cette profession est soumise au statut d'intermittent du spectacle. Elle connaît les mêmes difficultés que les comédiens en termes de précarité du travail. Impossible de dire combien gagne un conteur, car la rémunération varie en fonction de sa notoriété, de l'endroit où il intervient, du nombre de représentations…

UNE PROFESSION DE NOMADE

Après une formation de comédienne, Laure Gaël a découvert le métier de conteur comme un coup de cœur, en participant à un festival. Elle intervient aujourd'hui auprès d'enfants handicapés.
« On devient conteur en apprenant sur le tas. Pour ma part, j'ai regardé les autres, je suis allée écouter de nombreux professionnels, et petit à petit je me suis mise à raconter moi-même. J'interviens partout où on me le demande, dans les écoles, les bibliothèques, les expositions... On me connaît par le bouche-à-oreille, tout se joue sur le relationnel et l'affectif. Je narre des contes français, mais aussi amérindiens ou d'autres pays encore.
Parfois j'interviens en fonction d'un thème préétabli par mon employeur, sinon je puise dans mon tiroir de nombreuses histoires issues de la tradition orale. Être conteur est un incessant travail de recherche, j'ai écrit moi-même des contes, mais je ne les utilise que rarement.
J'aime créer un climat de suspens quand je raconte des contes, j'utilise parfois quelques petits instruments, et accompagne mes propos par une gestuelle particulière. Le décor qui m'entoure est généralement dépouillé et mes habits restent très sobres pour qu'ils ne viennent pas parasiter le récit. Je pense que tout jeune conteur qui se lance dans l'aventure doit avoir avant tout une bonne voix, un certain sens du rythme et de la communication. Il doit bien sûr avoir plaisir à raconter, aimer cela, mais aussi savoir créer le suspens.
Un conseil pour démarrer, suivez un conteur chevronné, quelqu'un qui connaît le métier et qui vous oriente. Allez aussi à beaucoup de "veillées ouvertes", ces réunions de conteurs professionnels auxquelles peuvent participer également des amateurs, cela permet de tisser des liens.
J'aime beaucoup être conteuse : les enfants vous regardent comme si vous étiez une magicienne, ils ne vous voient plus comme une grande personne mais comme quelqu'un qui va donner vie à quelque chose de merveilleux. Il n'est pas rare qu'à la fin d'une histoire, ils viennent demander si elle est vraie ou pas. »

Sa formation

Chercheurs ou universitaires, ethnologues ou comédiens, les conteurs sont issus des professions les plus diverses. Il n'existe pas de préparation spécifique à ce métier qui s'apprend sur le terrain, en écoutant les autres et en se lançant dans la narration. Souvent, les formations théâtrales offrent une bonne assise pour acquérir facilité et souplesse narrative, mais elles ne sont, en aucun cas, indispensables pour qui se destine à ce métier.

De nombreux stages de contes sont également proposés aux amateurs et aux professionnels par le Conservatoire contemporain de littérature orale (Clio) ou encore la Maison du conte.

► **Pour plus de renseignements :**

• CMLO. Espace André-Chamson. 2, boulevard Louis-Blanc, 30100 Alès. Tél. : 04 66 56 67 69. Internet : www.euroconte.org
Cette association vise avant tout à promouvoir et faire connaître le conte. Elle centralise les informations sur la profession. Le CMLO propose une formation en trois ans à raison d'un séminaire de deux jours tous les mois. La première année est consacrée aux genres de la littérature orale, la seconde aux ancrages culturels de la littérature orale et la troisième aux applications contemporaines de la littérature orale. La prochaine formation sera ouverte en octobre 2020.

• Clio (Conservatoire contemporain de littérature orale). Quartier Rochambeau, 41100 Vendôme. Tél. : 02 54 72 26 76.
Internet : www.clio.org

• Maison du conte. 8, rue Albert-Thuret, 94550 Chevilly-Larue.
Tél. : 01 49 08 50 85. Internet : http://lamaisonduconte.com

• Centre des arts du récit en Isère. 40, rue du Docteur-Lamaze, 38400 Saint-Martin-d'Hères. Tél. : 04 76 51 21 82.
Internet : www.artsdurecit.com

PARTIE VI

CARNET D'ADRESSES

1 – LES ÉCOLES PRÉPARANT AU DIPLÔME D'ÉTAT DE PUÉRICULTRICE

Amiens
École de puériculture
CHU Amiens Picardie
Site sud entrée principale
1, rond-point du Professeur-Christian-C.
80054 Amiens cedex 01
Tél. : 03 22 45 59 94
Internet : www.chu-amiens.fr/specialisations-infirmieres/ecole-puericulteurs-puericultrices

Angers
École de puéricultrices
Centre hospitalier universitaire
49933 Angers cedex 9
Tél. : 02 41 35 39 26
Internet : www.chu-angers.fr

Besançon
Institut de formation de professions de santé
44, chemin du Sanatorium
Les Tilleroyes
25030 Besançon cedex
Tél. : 03 81 41 50 37
Internet : www.chu-besancon.fr/formation-emploi/la-formation-paramedicale-lifps.html

Bordeaux
Institut de puériculture IFCS
Rue Francisco-Ferrer
33076 Bordeaux cedex
Tél. : 05 56 79 54 35
Internet : www.chu-bordeaux.fr

Caen
CHU de Caen
CS 30001
14033 Caen cedex 9
Tél. : 02 31 56 83 24
Internet : www.chu-caen.fr

Chambray-lès-Tours
IRFSS Centre-Val de Loire – Croix-Rouge
6, avenue du Professeur-Alexandre-Minkowski – CS 40324
37173 Chambray-lès-Tours cedex
Tél. : 02 47 88 43 43
Internet : http://irfss-centre.croix-rouge.fr

Clermont-Ferrand
École de puériculture
1, boulevard Winston-Churchill
63003 Clermont-Ferrand cedex 1
Tél. : 04 73 75 03 20
Internet : www.eifs.fr

Dijon
École régionale d'infirmières puéricultrices – CHU de Dijon (ERIP)
10 bis, boulevard du Maréchal-de-Lattre-de-Tassigny – BP 77908
21079, Dijon cedex
Tél. : 03 80 29 33 69
Internet : www.chu-dijon.fr

Grenoble
Institut de formation des professionnels de santé de Grenoble
175, avenue Centrale
38400 Saint-Martin-d'Hères
Tél. : 04 57 04 12 00
Internet : www.chu-grenoble.fr/content/formation-paramedicale

Les Abymes (Guadeloupe)
Institut de formation interrégional de puériculture
Immeuble Caribex, route des Abymes
97139 Les Abymes
Tél. : 05 90 90 69 90

Lille
Institut Gernez-Rieux
2, rue du Docteur-Schweitzer
59037 Lille cedex
Tél. : 03 20 44 43 42
Internet :
http://puericultrices.chru-lille.fr

IFSANTE – Institut catholique de Lille
2, rue Théodore-Monod
Cité Humanicité
59160 Lomme
Tél. : 03 28 36 10 10
Internet : www.ifsante.fr

Lyon
École Rockefeller
4, avenue Rockfeller
69373 Lyon cedex 08
Tél. : 04 78 76 52 22
Internet : www.ecole-rockefeller.com

Marseille
Institut de formation
des infirmiers-puériculteurs Boigny
416, chemin de la Madrague-Ville
13314 Marseille cedex 15
Tél. : 04 91 96 67 18
Internet : http://fr.ap-hm.fr

Metz
École d'infirmières-puéricultrices
CHR Metz-Thionville
1, allée du Château – CS 45001
57000 Metz
Tél. : 03 87 55 38 99
Internet : www.ecolesantemetz.com/SiteDesEcoles/SiteDesEcoles.nsf/Index.xsp?page=Accueil

Montpellier
École de puériculture
Institut de formation des écoles
1146, avenue du Père-Soulas
34295 Montpellier cedex 05
Tél. : 04 67 33 88 63
Internet :
www.chu-montpellier.fr/fr/puer

Nantes
École de puéricultrices du centre
hospitalier régional
50, route de Saint-Sébastien
44093 Nantes cedex 1
Tél. : 02 40 84 68 52
Internet : www.chu-nantes.fr/infirmier-puericulteur-formation-11665.kjsp?RH=1518008897841&RF=1518010528043r

Nancy
École de puériculture du CHRU
de Nancy
1, rue Joseph Cugnot
Tour Marcel Brot – 6e étage
CO 60034
54035 Nancy cedex
Tél. : 03 83 85 80 75
Internet : http://campus.chru-nancy.fr

Nice
Institut de formation petite enfance
Fondation Lenval
67-69, avenue de la Californie
06200 Nice
Tél. : 04 92 29 38 38
Internet : https://lenval.org/ifmea

Nîmes
École de puériculture
3 bis, rue Kléber
30029 Nîmes
Tél. : 04 66 68 69 05
Internet : www.chu-nimes.fr/espace-enseignement/puericultrice.html

Orléans
École de puériculture – IFPM
89, faubourg Saint-Jean – BP 2439
45032 Orléans cedex
Tél. : 02 38 78 00 00
Internet : www.ifpm-orleans.fr

Paris
Institut de puériculture
et de périnatalogie
26, boulevard Brune
75014 Paris
Tél. : 01 40 44 39 30
Internet : www.ipp-perinat.com

École de puériculture – Lycée Rabelais
9, rue Francis-de-Croisset
75018 Paris
Tél. : 01 53 09 13 07
Internet : www.lycee-rabelais-paris.fr

Reims
École de puériculture – CHU de Reims
45, rue Cognacq-Jay
51092 Reims cedex
Tél. : 03 26 78 75 08
Internet : www.chu-reims.fr/enseignement/irf/formations/puericultrice

Rennes
École de puériculture
CHU Rennes-Pontchaillou
Rue Henri-Le-Guilloux
35033 Rennes cedex 9
Tél. : 02 99 28 25 67
Internet :
www.ifchurennes.fr/puericultrices

Rouen
ERFPS
14, rue du Professeur-Stewart
76042 Rouen cedex 1
Tél. : 02 32 88 86 01
Internet :
https://ecole-puericultrice.chu-rouen.fr

Saint-Denis
Institut de formation en soins
infirmiers de l'hôpital Delafontaine
2, rue Delafontaine
93205 Saint-Denis cedex
Tél. : 01 43 35 60 31
Internet : www.ch-stdenis.fr

Strasbourg
Institut régional de formation
en puériculture
1, rue David-Richard – BP 426
67091 Strasbourg cedex
Tél. : 03 88 11 55 84
Internet : www.chru-strasbourg.fr

Toulouse
École de puériculture – Ifrass
2 bis, rue Émile-Pelletier – BP 1277
31047 Toulouse cedex 1
Tél. : 05 34 63 89 00
Internet : www.ifrass.net

Valenciennes
Institut de formation aux métiers
de la santé
Avenue Desandrouins – BP 479
59322 Valenciennes cedex
Tél. : 03 27 14 36 36
Internet : www.ch-valenciennes.fr

Versailles
École départementale de puériculture
27, boulevard Saint-Antoine
78000 Versailles
Tél. : 01 39 23 02 42

Vitry-sur-Seine
École départementale de puéricultrices
4, route de Fontainebleau
Domaine départemental Chérioux
94400 Vitry-sur-Seine
Tél. : 01 41 73 91 72
Internet : www.cg94.fr

2 – LES ÉCOLES PRÉPARANT AU DEEJE

Diplôme d'État d'éducateur de jeunes enfants

Amiens
APRADIS Picardie
6-12, rue des Deux-Ponts
80000 Amiens
Tél. : 03 22 66 33 99
Internet : www.apradis.eu

Angers
ARRIFTS
6, rue Georges-Morel
49045 Angers
Tél. : 02 41 48 20 22
Internet : www.arifts.fr

Annecy
Institut régional et européen des métiers de l'intervention sociale
1 bis, boulevard du Fier
BP 50082
74002 Annecy cedex
Tél. : 04 50 46 57 01
Internet : www.ireis.org

Aubervilliers
Centre d'études et de recherche pour la petite enfance (Cerpe)
52, rue Charles-Tillon
93300 Aubervilliers
Tél. : 01 48 34 67 26
Internet : www.cerpe.info

Avignon
Institut méditerranéen de formation et recherche en travail social
55, allée Camille-Claudel
Hamadryade – Bât. B – BP 71226
84140 Avignon
Tél. : 04 32 40 41 80
Internet www.imf.asso.fr

Besançon
IRTS
1, rue Alfred-de-Vigny – CS 52107
25051 Besançon cedex
Tél. : 03 81 41 61 00
Internet : www.irts-fc.fr

Bourg-en-Bresse
Institut régional et européen des métiers de l'intervention sociale
48, rue du Peloux
01006 Bourg-en-Bresse cedex
Tél. : 04 37 62 14 90
Internet : www.ireis.org

Buc
Buc ressources
1 bis, rue Louis-Massotte
78530 Buc
Tél. : 01 39 20 19 94
Internet : www.buc-ressources.org

Cayenne
Institut régional de développement du travail social en Guyane
Chemin rural du Centre-Médico-Sportif
Route de Troubiran – BP 897
97300 Cayenne cedex
Tél. : 05 94 25 34 88

Cergy
EPSS – École pratique de service social
13, boulevard de l'Hautil
95094 Cergy cedex
Tél. : 01 30 75 62 96
Internet : www.epss-edu.com

Clermont-Ferrand
ITSRA
62, avenue Marx-Dormoy
63000 Clermont-Ferrand
Tél. : 04 73 17 01 00
Internet : www.itsra.net

Dijon
IRTESS
2, rue du Professeur-Marion
21000 Dijon
Tél. : 03 80 72 64 50
Internet : www.irtess.fr

Échirolles
Institut de formation en travail social
3, avenue Victor-Hugo – BP 165
38432 Échirolles
Tél. : 04 76 09 02 08
Internet : www.ifts-asso.com

Évry
Institut de recherche et formation
à l'action sociale d'Essonne
5, terrasses de l'Agora
91034 Évry-Courcouronnes cedex
Tél. : 01 60 79 47 47
Internet : www.irfase.com

Fontainebleau
IRTS Île-de-France
49 avenue Franklin Roosevelt
77210 Avon
Tél. : 01 78 49 60 90
Internet : www.irtsparisidf.asso.fr

Isle
Polaris Formation
2 rue du Buisson – BP 10
87170 Isle
Tél. : 05 55 34 34 34
Internet : www.polaris-formation.fr

Le Ban-Saint-Martin
Institut régional du travail social
de Lorraine – Site de Metz
41, avenue de la Liberté
CS 50029
57063 Le Ban-Saint-Martin cedex 02
Tél. : 03 87 31 68 00
Internet : www.irts-lorraine.fr

Le Havre
Institut de formation d'éducateurs
de Normandie
34 bis, rue Amiral-Courbet
76600 Le Havre
Tél. : 02 35 42 10 30
Internet : www.ifen-formation.com

Les Abymes (Guadeloupe)
Centre de formation des travailleurs
sociaux de la Guadeloupe
Route de la Rocade, Grand Camp
97139 Les Abymes
Tél. : 05 90 83 79 25
Internet : www.cfts-formation.fr

Lille
Centre régional de formation
des professionnels de l'enfance
465, rue Courtois
59042 Lille cedex
Tél. : 03 20 14 93 00
Internet : www.crfpe.fr

Lyon
École santé social du Sud-Est
Le Sémaphore – 20, rue de La Claire
CP 320
69337 Lyon cedex 9
Tél. : 04 78 83 40 88
Internet : www.essse.fr

Malakoff
L'Horizon – Centre de formation
aux métiers de la petite enfance
6-10, rue Paul-Bert
92240 Malakoff
Tél. : 01 55 48 93 50
Internet : www.cfhorizon.fr

Marmande
ADES Pôle formation sanitaire et social
Allée des Tabacs
47200 Marmande
Tél. : 05 53 79 12 87
Internet : www.adesformations.fr

Marseille
IRTS de Provence-Alpes-Côte d'Azur et Corse
20, boulevard des Salyens – CS 80133
13267 Marseille cedex 08
Tél. : 04 91 76 99 00
Internet : www.irts-pacacorse.com

Martinique
URASS-IFMES
Quartier Rivière l'Or
97212 Saint-Joseph
Tél. : 05 96 42 56 56
Internet : www.urass-ifmes.com

Mayotte
Institut régional de travail social
Centre Maharajah-Kawéni, Bât. C
BP 790
97600 Mamoudzou

Melun
IRTS Île-de-France
8 bis rue Eugène Gonon
77000 Melun
Tél. : 01 78 49 60 00
Internet : www.irtsparisidf.asso.fr

Montpellier
IRTS du Languedoc-Roussillon
1011, rue du Pont-de-Lavérune
34077 Montpellier cedex 3
Tél. : 04 67 07 02 30
Internet : www.faire-ess.fr

Montrouge
ITRS Île-de-France
Site de Montrouge
1, rue du 11-Novembre
92120 Montrouge
Tél. : 01 40 92 01 02
Internet : www.fondation-itsrs.org

Mulhouse
École supérieure de Praxis sociale
Site Kennedy
22, avenue Kennedy
68200 Mulhouse
Tél. : 03 89 33 20 00
Internet : www.praxis.alsace

Nancy
IRTS de Lorraine
201, avenue Raymond-Pinchard
BP 2009
54100 Nancy
Tél. : 03 83 93 36 00
Internet : www.irts-lorraine.fr

Nantes
ARIFTS
10, rue Marion Cahour
Cité de la formation santé social
44400 Rezé
Tél. : 02 40 75 69 94
Internet : www.arifts.fr

Neuilly
IRTS Île-de-France
Site de Neuilly-sur-Marne
150, avenue Paul-Vaillant-Couturier
93330 Neuilly-sur-Marne
Tél. : 01 49 44 67 10
Internet : www.fondation-itsrs.org

Nice
IESTS – Institut d'enseignement supérieur de travail social
6, rue du Chanoine-Rance-Bourrey
06105 Nice cedex 2
Tél. : 04 92 07 77 97
Internet : www.iests.com

Nogent-sur-Marne
École INFA
5-9, rue Anquetil
94736 Nogent-sur-Marne cedex
Tél. : 01 45 14 64 00
Internet : www.infa-formation.com

Paris
École de formation
psychopédagogique (EFPP)
24-26, rue Louis-Armand
75015 Paris
Tél. : 01 44 30 71 30
Internet : www.efpp.fr

IRTS de Paris
145, avenue Parmentier
75010 Paris
Tél. : 01 73 79 51 00
Internet : www.irtsparisidf.asso.fr

École supérieure de travail social
ETSUP
8, villa du Parc-Montsouris
75014 Paris
Tél. : 01 44 16 81 81
Internet : www.etsup.com

CFEJE Saint-Honoré
42-44, rue de Romainville
75019 Paris
Tél. : 01 42 88 80 80
Internet : www.stho.org

Perpignan
Institut régional du travail social
du Languedoc Roussillon
Site de Perpignan
1, rue Charles-Perrier
66000 Perpignan
Tél. : 04 68 08 20 75
Internet : www.faire-ess.fr

Poitiers
IRTS de Poitou-Charentes
1, rue Georges-Guynemer – BP 215
86005 Poitiers cedex
Tél. : 05 49 37 60 00
Internet :
www.irts-nouvelle-aquitaine.org

Reims
IRTS
8, rue Joliot-Curie
51053 Reims cedex
Tél. : 03 26 06 93 14
Internet : https://irtsca.fr

Rennes
Askoria
2, avenue du Bois-Labbé
CS 44238
35042 Rennes cedex
Tél. : 02 99 59 41 41
Internet : www.askoria.eu

La Réunion
IRTS
1, rue Sully-Brunet
97470 Saint-Benoît
Tél. : 02 62 92 97 77
Internet : www.irtsreunion.fr

Saint-Brieuc
Askoria
12, rue du Vau-Méno – CS 30507
22005 Saint-Brieuc cedex 1
Tél. : 02 96 78 86 20
Internet : www.askoria.eu

Strasbourg
Ediac Formation
7, rue de Soultz
67100 Strasbourg
Tél. : 03 88 14 42 90
Internet : www.ediacformation.com

Talence
IRTS Nouvelle-Aquitaine
9, avenue François-Rabelais
BP 39
33401 Talence cedex
Tél. : 05 56 84 20 20
Internet : www.irtsaquitaine.fr

Tarbes
Institut Saint-Simon – IUT de Tarbes
1, rue Lautréamont – CS 41624
65016 Tarbes
Tél. : 05 62 44 42 67
Internet : www.institutsaintsimon.com

Toulouse
Institut Saint-Simon ARSEAA
Avenue du Général-de-Croutte
31100 Toulouse
Tél. : 05 61 19 09 49
Internet : www.institutsaintsimon.com

Ifrass
2 bis, rue Émile-Pelletier – BP 44777
31047 Toulouse cedex 1
Tél. : 05 34 63 89 00
Internet : www.ifrass.net

Tours
ITS
17, rue Groison – BP 77554
37075 Tours cedex 2
Tél. : 02 47 62 33 33
Internet : www.its-tours.com

Valence
École Santé Social Sud-Est
103, avenue Maurice-Faure
26000 Valence
Tél. : 04 75 86 30 55
Internet : www.essse.fr

3 – LES ARS

Agences régionales de santé

ARS Auvergne-Rhône-Alpes
241, rue Garibaldi – CS 93383
69003 Lyon
Tél. : 04 27 86 55 01
Internet : www.auvergne-rhone-alpes.ars.sante.fr

ARS Bourgogne-Franche-Comté
Le Diapason
2, place des Savoirs – CS 73535
21035 Dijon cedex
Tél. : 03 80 41 99 96
Internet : www.bourgogne-franche-comte.ars.sante.fr

ARS Bretagne
6, place des Colombes – CS 14253
35042 Rennes cedex
Tél. : 02 22 06 72 04
Internet : www.bretagne.ars.sante.fr

ARS Centre-Val de Loire
Cité Coligny
131, rue du Faubourg-Bannier
BP 74409
45044 Orléans cedex 1
Tél. : 02 38 77 47 83
Internet :
www.centre-val-de-loire.ars.sante.fr

ARS Corse
Quartier Saint-Joseph, Immeuble Castellani – CS 13003
20700 Ajaccio cedex 9
Tél. : 04 95 51 98 54
Internet : www.corse.ars.sante.fr

ARS Grand-Est
3, boulevard Joffre – CS 80071
54000 Nancy
Tél. : 03 83 39 79 95
Internet : www.grand-est.ars.sante.fr

ARS Guadeloupe
Rue des Archives – Bisdary
97113 Gourbeyre
Tél. : 05 90 99 49 01
Internet : www.guadeloupe.ars.sante.fr

ARS Guyane
66, avenue des Flamboyants
CS 40696
97306 Cayenne cedex
Tél. : 05 94 25 72 54
Internet : www.guyane.ars.sante.fr

ARS Hauts-de-France
556, avenue Willy-Brandt
Bâtiment Onix A
59777 Euralille
Tél. : 03 62 72 86 05
Internet :
www.hauts-de-france.ars.sante.fr

ARS Île-de-France
35, rue de la Gare – Millénaire 2
75935 Paris cedex 19
Tél. : 01 44 02 01 00
Internet : www.iledefrance.ars.sante.fr

ARS Martinique
Centre d'affaires Agora
ZAC de l'Étang-Z'abricot
Pointe des Grives – BP 656
97263 Fort-de-France cedex
Tél. : 05 96 39 42 98
Internet : www.martinique.ars.sante.fr

ARS Normandie
Espace Claude-Monet
2, place Jean-Nouzille – CS 55035
14050 Caen cedex 4
Tél. : 02 31 70 95 35
Internet : www.normandie.ars.sante.fr

ARS Nouvelle-Aquitaine
Espace Rodesse
103 bis, rue de Belleville – CS 91704
33063 Bordeaux cedex
Tél. : 05 57 01 44 04
Internet :
www.nouvelle-aquitaine.ars.sante.fr

ARS Occitanie
26-28, parc-club du Millénaire
1025, rue Henri-Becquerel
CS 30001
34067 Montpellier cedex 2
Tél. : 04 67 07 22 46
Internet : www.occitanie.ars.sante.fr

ARS Océan Indien
2 bis, avenue Georges-Brassens
CS 61002
97743 Saint-Denis cedex 9
Tél. : 02 62 97 97 12
Internet :
www.ocean-indien.ars.sante.fr

ARS Pays de la Loire
17, boulevard Gaston-Doumergue
CS 56233
44262 Nantes cedex 2
Tél. : 02 49 10 43 35
Internet :
www.pays-de-la-loire.ars.sante.fr

ARS Provence-Alpes-Côte d'Azur
132, boulevard de Paris – CS 50039
13331 Marseille cedex 03
Tél. : 04 13 55 83 65
Internet : www.paca.ars.sante.fr

4 – LES CFMI

Centres de formation des musiciens intervenants

Aix-Marseille Université
Internet : http://cfmi.univ-amu.fr

Université de Lille
Internet :
http://cfmi.formation.univ-lille3.fr

Université de Lyon II
Internet : http://lesla.univ-lyon2.fr/centre-de-formation-de-musiciens-intervenant-a-l-ecole-591495.kjsp

Université Paris-Saclay
Internet :
www.universite-paris-saclay.fr/fr

Université de Poitiers
Internet : http://sha.univ-poitiers.fr/cfmi

Université de Rennes II
Internet :
https://intranet.univ-rennes2.fr/cfmi

Pôle d'enseignement supérieur spectacle vivant Bretagne Pays de la Loire C/O Conservatoire Rayonnement Régional de Rennes
Internet : www.lepontsuperieur.eu

Université de Strasbourg
Internet : http://cfmi.unistra.fr

Université de Toulouse-Jean-Jaurès IFMI
Internet : https://blogs.univ-tlse2.fr/ifmi

Université de Tours
Internet : https://cfmi.univ-tours.fr

5 – LES CREAI

Centres régionaux d'études, d'actions et d'informations en faveur des personnes en situation de vulnérabilité

Auvergne-Rhône-Alpes
75, cours Albert-Thomas
69445 Lyon
Tél. : 04 72 77 60 60
Internet : www.creai-ara.org

Nouvelle-Aquitaine
103 ter, rue Belleville
33063 Bordeaux cedex
Tél. : 05 57 01 36 50
Internet :
https://creai-nouvelleaquitaine.org

Bourgogne-Franche-Comté
11, rue Jean-Giono – BP 76509
21065 Dijon cedex
Tél. : 03 80 28 84 40
Internet : www.creaibfc.org

Bretagne
2 bis, rue du Pâtis-Tatelin
35700 Rennes
Tél. : 02 99 38 04 14
Internet : www.creai-bretagne.org

Centre-Val de Loire
35, avenue de Paris
45000 Orléans
Tél. : 02 38 74 56 00
Internet : www.creaicentre.org

Grand-Est
Cité administrative Tirlet
51036 Châlons-en-Champagne
Tél. : 03 26 68 35 71
Internet : www.creai-grand-est.fr

Hauts-de-France
54, boulevard Montebello
59041 Lille cedex
Tél. : 03 20 17 03 03
Internet : www.creaihdf.fr

Île-de-France
5, rue Las Cases
75007 Paris
Tél. : 01 45 51 66 10
Internet : www.creai-idf.org

Normandie
3, place de l'Europe – BP 70017
14201 Hérouvile-Saint-Clair
Tél. : 02 31 75 15 20
Internet : www.creainormandie.org

Occitanie
Bâtiment A5, ZAC Tournezy
135, allée Sacha-Guitry – BP 35567
34072 Montpellier
Tél. : 04 67 69 25 03
Internet : www.creaiorslr.fr

Pays de la Loire
8, avenue des Thébaudières
CP 30406
44804 Saint Herblain cedex
Tél. : 02 28 01 19 19
Internet : www.creai-nantes.asso.fr

Provence-Alpes-Côte d'Azur-Corse
6, rue d'Arcole
13006 Marseille
Tél. : 04 96 10 06 60
Internet : www.creai-pacacorse.com

6 – LES CENTRES DE FORMATION PRÉPARANT LE DEME ET LE DEES

– 1 – DEME : Diplôme d'État de moniteur-éducateur
– 2 – DEES : Diplôme d'État d'éducateur spécialisé

Ain
ADEA Centre de formation
et de promotion sociale
12, rue du Peloux
01000 Bourg-en-Bresse
Tél. : 04 74 32 77 32
Internet : www.adea-formation.com
– 1 –

Institut régional et européen des métiers
de l'intervention sociale
48, rue du Peloux
01100 Bourg-en-Bresse
Tél. : 04 37 62 14 90
Internet : www.ireis.org
– 2 –

Aisne
Apradis
9, rue Mojzesz-Solczanski
02000 Laon
Tél. : 03 22 66 33 99
Internet : www.apradis.eu
– 2 –

Alpes-Maritimes
IESTS
6, rue du Chanoine-Rance-Bourrey
06105 Nice cedex 2
Tél. : 04 92 07 77 97
Internet : www.iests.com
– 1 – 2 –

Ardèche
Centre de formation
de moniteur-éducateur
26, avenue du Vanel
07000 Privas
Tél. : 04 75 30 09 66
Internet :
www.sacrecoeur-notredame.com
– 1 –

Aude
CPFP La Rouatière
1165, route de Pastel
11400 Souilhanels
Tél. : 04 68 60 03 61
Internet : www.larouatiere.com
– 2 –

Bas-Rhin
École supérieure européenne
de l'intervention sociale
3, rue Sédillot – BP 44
67065 Strasbourg cedex
Tél. : 03 88 21 19 90
Internet : https://eseis-afris.eu
– 2 –

ESEIS
12, rue Jean-Monnet – CS 90045
67311 Schiltigheim cedex
Tél. : 03 88 18 61 31
Internet : https://eseis-afris.eu
– 1 –

Bouches-du-Rhône
IMF
50, rue de Village – CS 20109
13294 Marseille cedex
Tél. : 04 91 24 61 12
Internet : www.imf.asso.fr
– 1 – 2 –

IRTS PACA et Corse
20, boulevard des Salyens – CS 80133
13267 Marseille cedex 08
Tél. : 04 91 76 99 00
Internet : www.irts-pacacorse.com
– 2 –

Calvados
IRTS
11, rue Guyon-de-Guercheville
BP 10116
14204 Hérouville-Saint-Clair cedex
Tél. : 02 31 54 42 00
Internet : www.irtsnormandiecaen.fr
– 1 – 2 –

Charente-Maritime
Institut régional du travail social
Poitou-Charentes
14 bis, avenue des Grandes-Varennes
17000 La Rochelle
Tél. : 05 49 37 60 00
Internet :
www.irts-nouvelle-aquitaine.org
– 1 –

Cher
École régionale du travail social
Antenne de Bourges
Rue Gaston-Berger
Pôle formations sanitaires et sociales
18000 Bourges
Tél. : 02 38 69 17 45
Internet : www.erts-olivet.org
– 1 –

Côte-d'Or
Institut régional supérieur du travail
éducatif et social
2, rue du Professeur-Marion
21000 Dijon
Tél. : 03 80 72 64 50
Internet : www.irtess.fr
– 1 – 2 –

Côtes-d'Armor
Lycée polyvalent Kerraoul Paimpol
Avenue Gabriel-Le-Bras – BP 93
22502 Paimpol
Tél. : 02 96 55 34 30
Internet : www.lyceekerraoul-paimpol.
ac-rennes.fr
– 1 –

Lycée Notre-Dame-de-Campostal
4, rue Saint-Gilles
22570 Gouarec
Tél. : 02 96 24 90 01
Internet :
www.lycee-campostal-gouarec.com
– 1 –

Askoria – Site de Saint-Brieuc
12, rue du Vau-Méno – CS 30507
22005 Saint-Brieuc cedex 1
Tél. : 02 96 78 86 20
Internet : http://www.askoria.eu
– 1 – 2 –

Dordogne
Centre de formation au travail sanitaire
et social – Fondation John-Bost
28, boulevard Albert-Claveille
CS 30020
24112 Bergerac cedex
Tél. : 05 53 22 23 00
Internet : www.cef-bergerac.org
– 1 – 2 –

Doubs
IRTS/ARTS
1, rue Alfred-de-Vigny – CS 52107
25051 Besançon cedex
Tél. : 03 81 41 61 00
Internet : www.irts-fc.fr
– 1 – 2 –

Drôme
ARFRIPS – Site de Valence
19, avenue Victor-Hugo
26000 Valence
Tél. : 09 50 94 48 45
Internet : www.arfrips.fr
– 1 –

École santé social du Sud-Est
103, avenue Maurice-Faure
26000 Valence
Tél. : 04 75 86 30 55
Internet : www.essse.fr
– 2 –

Essonne
IRFASE
5, terrasses de l'Agora
91034 Évry cedex
Tél. : 01 60 79 47 47
Internet : www.irfase.com
– 1 – 2 –

Eure-et-Loir
École régionale du travail social
Antenne de Chartres
21, rue Loigny-la-Bataille
Pôle universitaire
28000 Chartres
Tél. : 02 37 25 41 45
Internet : www.erts-olivet.org
– 1 –

Institut du travail social
Pôle universitaire de Chartres
21, rue Loigny-la-Bataille
28000 Chartres
Tél. : 02 37 35 42 39
Internet : www.its-tours.com
– 2 –

Finistère
ITES
170, rue Jules-Janssen
ZAC de Kergaradec – Guipavas
29806 Brest cedex 9
Tél. : 02 98 34 60 60
Internet : www.ites-formation.com
– 1 – 2 –

Gard
IFME
2117, chemin du Bachas
30000 Nîmes
Tél. : 04 66 68 99 60
Internet : www.ifme.fr
– 1 – 2 –

Gironde
IRTS
9, avenue François-Rabelais
BP 39
33401 Talence cedex
Tél. : 05 56 84 20 20
Internet : www.irtsaquitaine.fr
– 1 – 2 –

Guadeloupe
Centre de formation de travailleurs sociaux
La Rocade, Grand Camp
97139 Les Abymes
Tél. : 05 90 83 79 25
Internet : www.cfts-formation.fr
– 1 – 2 –

Guyane
Institut régional de développement du travail social
Chemin rural du Centre-Médico-Sportif
Route de Troubiran – BP 897
97300 Cayenne cedex
Tél. : 05 94 25 34 88
– 1 – 2 –

Haut-Rhin
École supérieure de Praxis sociale
4, rue Schlumberger
68064 Mulhouse cedex
Tél. : 03 89 33 20 00
Internet : www.praxis.alsace
– 2 –

ESEIS – Antenne d'Illzach
2 bis, rue des Alouettes – CS 30082
68312 Illzach cedex
Tél. : 03 89 52 25 26
Internet : https://eseis-afris.eu
– 1 –

Haute-Garonne
Centre régional de formation
aux métiers du social ERASME
134, route d'Espagne
Centre hospitalier G. Marchant
31000 Toulouse
Tél. : 05 61 19 27 60
Site : www.erasme.fr
– 1 – 2 –

IFRASS
2 bis, rue Émile-Pelletier – BP 1277
31047 Toulouse cedex 1
Tél. : 05 34 63 89 00
Internet : www.ifrass.net
– 1 – 2 –

Institut Saint-Simon ARSEAA
Avenue du Général-de-Croutte
31100 Toulouse
Tél. : 05 61 19 09 49
Internet : http://institutsaintsimon.com
– 2 –

Hérault
IRTS Languedoc-Roussillon
1011, rue du Pont-de-Lavérune
Mas Prunet
34077 Montpellier cedex 3
Tél. : 04 67 07 02 30
Internet : www.faire-ess.fr
– 2 –

CFPMEA-CEMEA
501, rue Métairie-de-Saysset
CS 10033
34078 Montpellier cedex 3
Tél. : 04 67 50 46 00
Internet : www.cemea-occitanie.org
– 1 –

Ille-et-Vilaine
Askoria
2, avenue du Bois-Labbé – CS 44238
35042 Rennes cedex
Tél. : 02 99 59 41 41
Internet : www.askoria.eu
– 1 – 2 –

Indre-et-Loire
ITS
17, rue Groison – BP 77554
37075 Tours cedex 2
Tél. : 02 47 62 33 33
Internet : www.its-tours.com
– 1 – 2 –

Isère
IFTS Institut de formation
en travail social
3, avenue Victor-Hugo – BP 165
38432 Échirolles cedex
Tél. : 04 76 09 02 08
Internet : www.ifts-asso.com
– 1 – 2 –

Loire
IREIS
42, rue de La Tour-de-Varan
CS 10200
42704 Firminy cedex
Tél. : 04 77 10 13 70
Internet : www.ireis.org
– 1 – 2 –

Lycée professionnel Saint-Ennemond
8-10, rue du Pilat
42400 Saint-Chamond
Tél. : 04 77 22 03 03
Internet : www.saintennemond.eu
– 1 –

Loire-Atlantique
ARIFTS – Site nantais
10, rue Marion-Cahour
Cité de la formation santé social
44400 Rezé
Tél. : 02 40 75 69 94
Internet : www.arifts.fr
– 1 – 2 –

Loiret
ERTS
2032, rue du Général-de-Gaulle
45160 Olivet
Tél. : 02 38 69 17 45
Internet : www.erts-olivet.org
– 1 – 2 –

Lot-et-Garonne
ADES – Pôle formation sanitaire et social
Allée des Tabacs
47200 Marmande
Tél. : 05 53 79 12 87
Internet : www.adesformations.fr
– 1 – 2 –

Lozère
ETES École de travail éducatif et social
17, avenue Théophile-Roussel
48100 Marvejols
Tél. : 04 66 32 27 78
Internet : www.etes.fr
– 1 – 2 –

Maine-et-Loire
ARIFTS – Site angevin
6, rue Georges-Morel
49000 Angers
Tél. : 02 41 48 20 22
Internet : www.arifts.fr
– 1 – 2 –

Marne
IRTS – 8, rue Joliot-Curie
51100 Reims
Tél. : 03 26 06 93 14
Internet : https://irtsca.fr
– 1 – 2 –

Martinique
URASS-IFMES
Quartier Rivière-l'Or
97212 Saint-Joseph
Tél. : 05 96 42 56 56
Internet : www.urass-ifmes.com
– 1 – 2 –

Mayotte
Institut régional de travail social
Centre Maharajah-Kawéni, Bât. C
BP 790
97600 Mamoudzou
– 1 – 2 –

Meurthe-et-Moselle
IRTS
201, avenue Raymond-Pinchard
BP 2009
54100 Nancy
Tél. : 03 83 93 36 00
Internet : www.irts-lorraine.fr
– 1 – 2 –

Morbihan
Lycée professionnel Ampère
Rue Guéthennoc – BP 61
56120 Josselin
Tél. : 02 97 22 26 77
Internet :
www.lp-ampere-josselin.ac-rennes.fr
– 1 –

Askoria – Site de Saint-Avé
22, rue de l'Hôpital, Centre hospitalier
BP 10
56896 Saint-Avé cedex
Tél. : 02 97 54 48 28
Internet : www.grimes.fr
– 1 –

Askoria – Site de Lorient
7, rue des Montagnes
Pôle Formations sanitaires et sociales
BP 70833
56108 Lorient
Tél. : 02 97 87 65 10
Internet : www.askoria.eu
– 2 –

Moselle
IRTS
41, avenue de La Liberté – CS 50029
57063 Le Ban-Saint-Martin cedex 2
Tél. : 03 87 31 68 00
Internet : www.irts-lorraine.fr
– 1 – 2 –

Nord
IRTS site Grand Littoral
Rue Galilée – Parc de l'étoile
CS 970008
59791 Grande-Synthe
Tél. : 03 28 24 51 30
Internet : http://irtshdf.fr
– 1 – 2 –

École européenne supérieure
en travail social
22, rue Halévy
59000 Lille
Tél. : 03 20 93 70 16
Internet : www.ecole-ests.fr
– 1 – 2 –

IFRTS
Parc Eurasanté Est
351, rue Ambroise-Paré – BP 71
59373 Loos cedex
Tél. : 03 20 62 53 85
Internet : http://irtshdf.fr
– 1 – 2 –

École d'éducateurs spécialisés
2, rue du Gazomètre
59600 Maubeuge
Tél. : 03 27 62 87 22
Internet : www.ecole-ests.fr
– 1 – 2 –

IRTS – Site Hainaut-Cambrésis
35, rue Ernest-Macarez
59300 Valenciennes
Tél. : 03 27 42 40 97
Internet : https://irtshdf.fr/
etablissements/valenciennes
– 1 – 2 –

Nouvelle-Calédonie
IFPSS de Nouvelle-Calédonie
12, rue Juliette-Bernard – lot 10135
Pie-Nouville – BP 587
98845 Nouméa cedex
Tél. : 00 687 24 39 90
– 1 –

Oise
Apradis Picardie
8, avenue du Beauvaisis
Bât. Les hauts de Beauvais, 2e étage
60000 Beauvais
Tél. : 03 22 66 33 99
Internet : www.apradis.eu
– 2 –

Orne
IRFSS Croix-Rouge – Formations
sociales
5, rue du Gué-de-Gesnes
61000 Alençon
Tél. : 02 33 31 67 12
Internet :
https://irfss-normandie.croix-rouge.fr
– 1 – 2 –

Paris
École de formation
psycho-pédagogique
24-26, rue Louis-Armand
75015 Paris
Tél. : 01 44 39 71 30
Internet : www.efpp.fr
– 2 –

IRTS
145, avenue Parmentier
75010 Paris
Tél. : 01 73 79 51 00
Internet : www.irtsparisidf.asso.fr
– 1 – 2 –

École supérieure de travail social Paris
8, villa du Parc-Montsouris
75014 Paris
Tél. : 01 44 16 81 81
Internet : www.etsup.com
– 2 –

SEP du lycée polyvalent d'Alembert
22, sente des Dorées
75019 Paris
Tél. : 01 42 08 04 10
Internet : http://lyceedalembert.paris
– 1 –

Centre de formation Saint-Honoré
42-44, rue de Romainville
75019 Paris
Tél. : 01 42 88 80 80
Internet : www.stho.org
– 2 –

Puy-de-Dôme
ITSRA – Institut du travail social
de la région Auvergne
62, avenue Marx-Dormoy
63000 Clermont-Ferrand
Tél. : 04 73 17 01 00
Internet : www.itsra.net
– 1 – 2 –

Pas-de-Calais
Afertes
5, rue Frédéric-Degeorge
62004 Arras cedex
Tél. : 03 21 60 40 00
Internet : www.afertes.org
– 1 – 2 –

IRTS – Institut régional de travail social
Site Artois
5, rue Maurice-Schumann – BP 20755
62031 Arras cedex
Tél. : 03 21 24 09 09
Internet : http://irtshdf.fr
– 1 – 2 –

École européenne supérieure
en travail social
Rue des Montagnards
62210 Avion
Tél. : 03 21 49 23 71
Internet : www.ecole-ests.fr
– 1 – 2 –

Afertes
Rue des Montagnards
62210 Avion
Tél. : 03 21 60 40 00
Internet : www.afertes.org
– 1 – 2 –

ESTS
ZI du Brockus
Allée du Général-Comté-de-Gramont
62500 Saint-Omer
Tél. : 03 21 12 20 20
Internet : www.ecole-ests.fr
– 1 – 2 –

IRTS
Boulevard Jacques-Lefebvre
62630 Étaples
Tél. : 03 21 89 97 00
Internet : http://irtshdf.fr
– 1 – 2 –

Pyrénées-Atlantiques
ITS Pierre-Bourdieu
8, cours Léon-Bérard – BP 7528
64075 Pau cedex
Tél. : 05 59 84 93 93
Internet : www.its-pau.fr
– 1 – 2 –

Association pour la formation
en milieu rural
Domaine Landagoyen
64480 Ustaritz
Tél. : 05 59 70 37 60
Internet : http://etcharry-formation-developpement.fr
– 1 – 2 –

Pyrénées-Orientales
IRTS du Languedoc-Roussillon
1, rue Charles-Perrier
66000 Perpignan
Tél. : 04 68 08 20 75
Internet : www.faire-ess.fr
– 1 – 2 –

La Réunion
IRTS de la Réunion
1, rue Sully-Brunet
97470 Saint-Benoît
Tél. : 02 62 92 97 77
Internet : www.irtsreunion.fr
– 1 – 2 –

EMAP (École des métiers d'accompagnement de la personne)
Chemin Vélia – Bois d'Olives – BP 18
97451 Saint-Pierre cedex
Tél. : 02 62 96 95 30
Internet : www.emap.re
– 1 –

Rhône
Institut Saint-Laurent
41, rue du Chancelier
69130 Écully
Tél. : 04 78 33 46 20
Internet : www.institutsaintlaurent.org
– 1 – 2 –

ARFRIPS Lyon
10, impasse Pierre-Baizet – CS 10422
69009 Lyon
Tél. : 04 78 69 90 90
Internet : www.arfrips.fr
– 1 – 2 –

Savoie
IREIS
145, rue de la Chavanne
73490 La Ravoire
Tél. : 04 79 72 95 70
Internet : www.ireis.org
– 1 –

Haute-Savoie
IREIS
1 bis, boulevard du Fier – BP 50082
74002 Annecy cedex
Tél. : 04 50 46 57 01
Internet : www.ireis.org
– 1 – 2 –

Hauts-de-Seine
IRTS – 1, rue du 11-Novembre
92123 Montrouge
Tél. : 01 40 92 01 02
Internet : www.fondation-itsrs.org
– 1 – 2 –

Seine-Maritime
IRTS – IDS
Allée de Flore
76380 Canteleu
Tél. : 02 32 83 25 00
Internet : http://irtsnormandie.ids.fr
– 1 – 2 –

IFEN
34 bis, rue Amiral-Courbet
BP 30163
76600 Le Havre
Tél. : 02 35 42 10 30
Internet : www.ifen-formation.com
– 1– 2 –

Seine-Saint-Denis
CFPES-CEMEA
65, rue des Cités
93306 Aubervilliers cedex
Tél. : 01 48 11 27 90
Internet : www.cfpes.com
– 1 – 2 –

ITSRS
150, avenue Paul-Vaillant-Couturier
93330 Neuilly-sur-Marne
Tél. : 01 49 44 67 10
Internet : www.fondation-itsrs.org
– 1 – 2 –

Lycée professionnel Eugène-Delacroix
4, rue du Docteur-Schweitzer
93700 Drancy
Tél. : 01 41 60 83 15
Internet :
www.lycee-delacroix-drancy.fr
– 1 –

Somme
Apradis Picardie
6-12, rue des Deux-Ponts
80000 Amiens
Tél. : 03 22 66 33 99
Internet : www.apradic.eu
– 1 – 2 –

Tahiti
Service des affaires sociales
Immeuble Te Hotu
Avenue du Prince-Hinoi – BP 1707
98714 Papeete
Tél. : 689 46 58 26/46 58 79
– 1 – 2 –

Tarn
Institut Saint-Simon (site d'Albi)
Le Prestil
81990 Le Sequestre
Tél. : 05 63 43 20 49
Internet : www.institutsaintsimon.com
– 2 –

Val-de-Marne
Lycée Pierre-Brossolette
5, rue Pierre-Brossolette
94270 Le Kremlin-Bicêtre
Tél. : 01 46 58 36 76
Internet :
http://xn--lyce-brossolette-dqb.fr
– 1 – 2 –

INFA
5-9, rue Anquetil
94130 Nogent-sur-Marne
Tél. : 01 45 14 64 00
Internet : www.infa-formation.com
–1– 2 –

Val-d'Oise
École pratique de service social
13, boulevard de l'Hautil
95094 Cergy-Pontoise cedex
Tél. : 01 30 75 62 96
Internet : www.epss-edu.com
– 1– 2 –

Var
IRFSS – IFTS
201, chemin de Faveyrolles
Quartier Darbousson – CS00003
83192 Ollioules
Tél. : 04 94 93 66 00
Internet :
http://irfss-pacac.croix-rouge.fr
– 1 – 2 –

Vaucluse
Institut méditerranéen de formation
et recherche en travail social
55, allée Camille-Claudel
Hamadryade – Bât. B – BP 71226
84140 Avignon
Tél. : 04 32 40 41 80
Internet : www.imf.asso.fr
– 1 – 2 –

Vendée
SupSocial
Rue Benjamin-Franklin – BP 609
85015 La Roche-sur-Yon cedex
Tél. : 09 70 80 82 21
Internet : www.etablieres.fr
– 1 – 2 –

Vienne
IRTS
1, rue Georges-Guynemer – BP 215
86005 Poitiers cedex
Tél. : 05 49 37 60 00
Internet :
www.irts-nouvelle-aquitaine.org
– 1 – 2 –

Haute-Vienne
Polaris Formation
2, rue du Buisson – BP 10
87170 Isle
Tél. : 05 55 34 34 34
Internet : www.polaris-formation.fr
– 1 – 2 –

Yvelines
Buc Ressources
1 bis, rue Louis-Massotte
78530 Buc
Tél. : 01 39 20 19 94
Internet : www.buc-ressources.org
– 1 – 2 –

7 – LES ÉTABLISSEMENTS PRÉPARANT AU CERTIFICAT DE CAPACITÉ D'ORTHOPHONISTE

École d'orthophonie
Faculté de médecine
28, avenue de Valombrose
06107 Nice cedex 02
Tél. : 04 93 37 77 77
Internet : http://unice.fr/faculte-de-medecine/presentation

Faculté de médecine d'Aix-Marseille Université
27, boulevard Jean-Moulin
13385 Marseille cedex 5
Tél. : 04 91 32 43 00
Internet : http://medecine.univ-amu.fr

Département d'orthophonie
UFR Santé
Université Caen-Normandie
2, rue des Rochambelles – CS 14032
14032 Caen cedex 5
Tél. : 02 31 06 81 14
Internet : http://ufrsante.unicaen.fr/etudes-d-orthophonie

UFR de sciences médicales et pharmaceutiques – Université de Franche-Comté
19, rue Ambroise-Paré
25000 Besançon cedex
Tél. : 03 63 08 22 00
Internet : www.univ-fcomte.fr

Département d'orthophonie
Faculté de médecine, université de Bretagne-Occidentale
22, avenue Camille Desmoulins
CS 93837
29238 Brest cedex 3
Tél. : 02 98 01 67 04
Internet :
www.univ-brest.fr/orthophonie

Faculté de médecine
Enseignement des techniques de réadaptation – Université Toulouse III
133, route de Narbonne
31062 Toulouse cedex
Tél. : 05 62 88 90 42
Internet : www.ups-tlse.fr

UFR des sciences médicales
Université de Bordeaux
146, rue Léo-Saignat – Espace santé
33076 Bordeaux cedex
Tél. : 05 57 57 13 13
Internet : http://sante.u-bordeaux.fr

UFR de médecine de Montpellier
641, avenue du Doyen-Gaston-Giraud
Campus Arnaud de Villeneuve
34003 Montpellier cedex 5
Tél. : 04 34 43 35 00
Internet :
http://medecine.edu.umontpellier.fr

CFU d'orthophonie
Faculté de médecine Rennes I
2, avenue du Professeur-Léon-Bernard
CS 34317
35043 Rennes cedex
Tél. : 02 23 23 44 08
Internet : https://medecine.univ-rennes1.fr/certificat-de-capacite-dorthophoniste

Université de Tours
Faculté de médecine
2 bis, boulevard Tonnellé
37032 Tours cedex 01
Tél. : 02 47 36 62 36
Internet : http://med.univ-tours.fr

UFR de médecine et techniques médicales de Nantes
1, rue Gaston-Veil – BP 53508
44035 Nantes cedex 1
Tél. : 02 40 41 28 28
Internet :
www.medecine.univ-nantes.fr

Faculté de médecine Université de Lorraine
9, avenue de la Forêt-de-Haye
BP 20199
54505 Vandœuvre-lès-Nancy cedex
Tél. : 03 83 68 30 00
Internet :
www.medecine.univ-lorraine.fr

Département d'orthophonie Université de Lille
1, rue Eugène-Avinée
Faculté de médecine – Pôle Formation
59120 Loos
Tél. : 03 20 62 76 18
Internet :
http://orthophonie.univ-lille2.fr

Centre de formation universitaire en orthophonie Auvergne
28, place Henri-Dunant – BP 38
63001 Clermont-Ferrand cedex 1
Tél. : 04 73 17 79 00
Internet : https://medecine.uca.fr

Faculté de médecine de Strasbourg
4, rue Kirschleger
67085 Strasbourg cedex
Tél. : 03 68 85 35 03
Internet :
http://med.unistra.fr/fre/Formations/Formations-Para-Medicales

Institut des sciences et techniques de la réadaptation Université de Lyon I
8, avenue Rockefeller
69373 Lyon cedex 08
Tél. : 04 78 77 70 89
Internet : http://istr.univ-lyon1.fr

Département orthophonie Pitié-Salpêtrière Université Pierre-et-Marie-Curie Sorbonne Université
91, boulevard de l'Hôpital
Bâtiment de stomatologie
75013 Paris
Tél. : 01 40 77 98 33
Internet : http://medecine.sorbonne-universite.fr/fr/les_formations/les_etudes_paramedicales.html

UFR santé Université de Rouen-Normandie
22, boulevard Gambetta – CS 76183
76183 Rouen cedex
Tél. : 02 35 14 83 33
Internet : http://medecine-pharmacie.univ-rouen.fr

UFR de médecine Département d'orthophonie Université Picardie-Jules-Verne
3, rue des Louvels
Bât. D – 2e étage
80036 Amiens cedex 01
Tél. : 03 22 82 54 69
Internet : www.u-picardie.fr/ufr/medecine/orthophonie

UFR de médecine
6, rue de la Milétrie – Bât. D1 – TSA 51115
86073 Poitiers cedex 9
Tél. : 05 49 45 43 43
Internet :
http://medphar.univ-poitiers.fr

ILFOMER
Campus universitaire de Vanteaux
39H, rue Camille-Guérin
87000 Limoges
Tél. : 05 87 08 08 74
Internet : www.unilim.fr/ilfomer

8 – LES INSTITUTS DE FORMATION EN PSYCHOMOTRICITÉ

Institut supérieur de rééducation psychomotrice
14, rue Maréchal-Foch
03200 Vichy
Tél. : 04 63 58 50 20
Internet : www.isrp.fr

Institut supérieur de rééducation psychomotrice
270, boulevard Sainte-Marguerite
Hôpital Sainte-Marguerite – Pavillon 5
13009 Marseille
Tél. : 04 91 34 13 41
Internet : http://marseille.isrp.fr

Institut de formation en psychomotricité Université de Toulouse III
133, route de Narbonne
31062 Toulouse cedex 04
Tél. : 05 62 88 90 42
Internet : www.ups-tlse.fr

Institut de formation en psychomotricité Université de Bordeaux II
3 ter, place de la Victoire – case 65, Bât. Broca I
33000 Bordeaux
Tél. : 05 57 57 31 66
Internet : www.ifp.u-bordeaux2.fr

Institut de formation en psychomotricité d'Orléans
Rue de Chartres, Bât. Michel-Royer
CS 80026
45072 Orléans cedex 2
Tél. : 02 38 69 72 65
Internet : www.ifpm-orleans.fr/psychomotricien

Institut de formation des psychomotriciens Raymond-Leclercq
Parc Eurasanté – Le Caducée
57, rue Salvador-Allende
Bât. E – CS 90035
59120 Loos
Tél. : 03 20 17 21 40
Internet : www.institutpsychomot-nord.com

Institut de formation régional en santé
25, rue Balzac – BP 56
61002 Alençon cedex
Tél. : 02 33 80 08 80
Internet : www.ifres-alencon.com

Pôle interrégional de formation en psychomotricité
2, rue du Docteur-Mangeney
68100 Mulhouse
Tél. : 03 89 64 82 83
Internet : www.ghrmsa.fr/etudiants/institut-de-formation-aux-metiers-de-la-sante-661.html

Institut des sciences et techniques de réadaptation Université de Lyon I
8, avenue Rockefeller
69373 Lyon cedex 08
Tél. : 04 78 77 70 89
Internet : http://istr.univ-lyon1.fr

Institut de formation en psychomotricité Sorbonne Université
91, boulevard de l'Hôpital
75013 Paris
Tél. : 01 40 77 95 71
Internet : http://medecine.sorbonne-universite.fr/fr/les_formations/les_etudes_paramedicales.html

ISRP
25, rue Ginoux
75015 Paris
Tél. : 01 58 17 18 50
Internet : www.isrp.fr

Institut de formation en psychomotricité du CHU Hôpitaux de Rouen
14, rue du Professeur-Stewart
ERFPS
76042 Rouen cedex 1
Tél. : 02 32 88 06 97
Internet : https://ifp.chu-rouen.fr

Campus de formation du CH Meulan-Les Mureaux
1, rue Baptiste-Marcet
Site de Bécheville
78130 Les Mureaux
Tél. : 01 30 91 84 62
Internet : www.campuschimm.fr

Institut de formation public varois des professions de santé
401B, chemin des Plantades
Espace ANDRE
83130 La Garde
Tél. : 04 94 00 58 78
Internet : www.ifpvps.fr

Institut régional de formation en psychomotricité
1D, chemin Vélia – Bois d'Olives
BP 24
97432 Saint-Pierre
Tél. : 02 62 96 95 30
Internet : https://emap.re

9 – LES DRJSCS

Directions régionales de la jeunesse, des sports et de la cohésion sociale

Auvergne-Rhône-Alpes
245, rue Garibaldi
69422 Lyon cedex 03
Tél. : 04 78 60 40 40
Internet : http://auvergne-rhone-alpes.drdjscs.gouv.fr

Bourgogne-Franche-Comté
10, boulevard Carnot – CS 13430
21034 Dijon cedex
Tél. : 03 80 68 39 00
Internet : http://bourgogne-franche-comte.drdjscs.gouv.fr

Bretagne
4, avenue du Bois-Labbé – CS 94323
35043 Rennes cedex
Tél. : 02 23 48 24 00
Internet : http://bretagne.drjscs.gouv.fr

Centre-Val de Loire
122, rue du Faubourg-Bannier
CS 74204
45042 Orléans cedex
Tél. : 02 38 77 49 00
Internet : http://centre-val-de-loire.drdjscs.gouv.fr

Corse
Immeuble Castellani – CS 13001
20700 Ajaccio cedex 9
Tél. : 04 95 29 67 67
Internet : http://corse.drjscs.gouv.fr

Grand-Est
Siège
Cité administrative
14, rue du Maréchal-Juin – CS 50016
67084 Strasbourg cedex
Tél. : 03 88 76 76 16
Internet :
http://grand-est.drdjscs.gouv.fr

Guadeloupe
323, boulevard du Général-de-Gaulle
97100 Basse-Terre
Tel : 0590 81 33 57
Internet :
http://guadeloupe.drjscs.gouv.fr

Guyane
2100, route de Cabassou
Lieu-dit La Verdure – CS 35001
97305 Cayenne cedex
Tél. : 594 29 92 00
Internet : http://guyane.drjscs.gouv.fr

Hauts-de-France
20, square Friant – Les Quatre-Chênes
80039 Amiens cedex 01
Tél. 03 22 33 89 00
Internet :
http://hauts-de-france.drjscs.gouv.fr

Île-de-France
6-8, rue Eugène-Oudiné – CS 81360
75634 Paris cedex 13
Tél. : 01 40 77 55 00
Internet :
http://ile-de-france.drjscs.gouv.fr

Martinique
ZAC L'Étang-Z'Abricots
Rond-point du Calendrier-Lagunaire
Immeuble Agora 2
97264 Fort de France cedex
Tél. : 05 96 66 36 00
Internet :
http://martinique.drjscs.gouv.fr

Mayotte
Centre d'affaires Maharajah
BP 104 – Bât. A et C
97600 Mamoudzou
Tél. : 0269.61.60.50
Internet : http://mayotte.drjscs.gouv.fr

Normandie
Siège
Immeuble Normandie 2
55, rue Amiral-Cécille – BP 1358
76179 Rouen cedex
Tél. : 02 32 18 15 20
Internet :
http://normandie.drdjscs.gouv.fr

Nouvelle-Aquitaine
Siège
7, boulevard Jacques-Chaban-Delmas
33525 Bruges
Tél. : 05 56 69 38 00
Internet : http://nouvelle-aquitaine.
drdjscs.gouv.fr

Occitanie
Siège
3, avenue Charles-Flahault
34094 Montpellier cedex 5
Internet : http://occitanie.drjscs.gouv.fr

Pays de la Loire
Maison de l'Administration Nouvelle
9, rue René-Viviani – CS 46205
44262 Nantes cedex 02
Tél. : 02 40 12 80 00
Internet :
http://pays-de-la-loire.drjscs.gouv.fr

Provence-Alpes-Côte d'Azur
66A, rue Saint-Sébastien – CS 50240
13292 Marseille cedex 06
Tél. : 04 88 04 00 10
Internet : http://paca.drjscs.gouv.fr

La Réunion
14, allée des Saphirs
97487 Saint-Denis cedex
Tél. : 02 62 20 54 54
Internet : http://reunion.drjscs.gouv.fr

10 – LES CREPS

Centres régionaux d'éducation populaire et de sport

Aix-en-Provence
62, chemin du Viaduc
13080 Aix-en-Provence
Tél. : 04 42 93 80 00
Internet : www.creps-paca.fr

Antibes
Avenue du 11-Novembre
06600 Antibes
Tél. : 04 92 91 31 31
Internet : www.creps-paca.fr

Antilles-Guyane
Route des Abymes – BP 220
97182 Les Abymes cedex
Tél. : 05 90 82 18 23
Internet : www.crepsag.fr

Ajaccio
Centre du sport et de la jeunesse de Corse
Chemin de la Sposata
20090 Ajaccio cedex
Tél. : 04 95 10 65 10
Internet : www.csjc.corsica/fr/23-presentation

Bordeaux
653, cours de la Libération
33405 Talence cedex
Tél. : 05 56 84 48 00
Internet : www.creps-aquitaine.fr

Bourges
CREPS du Centre-Val de Loire
48, avenue du Maréchal-Juin
18000 Bourges
Tél. : 02 48 48 01 44
Internet : www.creps-cvl.fr

Châtenay-Malabry
1, rue du Docteur-Le Savoureux
92291 Châtenay-Malabry cedex
Tél. : 01 41 87 20 30
Internet : www.creps-idf.fr

Dijon
15, rue Pierre-de-Coubertin
21100 Dijon
Tél. : 03 80 65 46 12
Internet : www.creps-bourgognefranchecomte.fr

Dinard
Campus Sport Bretagne
24, rue des Marettes – BP 90243
35802 Dinard cedex
Tél. : 02 99 16 34 16
Internet : www.campus-sport-bretagne.fr

Montpellier
2, avenue Charles-Flahault
34090 Montpellier
Tél. : 04 67 61 05 22
Internet : www.creps-montpellier.org

Nancy
1, avenue Foch – CS 30020
54271 Essey-lès-Nancy
Tél. : 03 83 18 10 20
Internet : www.creps-nancy-lorraine.jeunesse-sports.gouv.fr

Nantes
4, place Gabriel-Trarieux – CS 21925
44300 Nantes cedex 6
Tél. : 02 28 23 69 23
Internet : www.creps-pdl.sports.gouv.fr

Poitou-Charentes
Château de Boivre
86580 Vouneuil-sous-Biard
Tél. : 05 49 36 06 00
Internet : www.crepspoitiers.fr

Reims
Route de Bezannes – BP 107
51100 Reims
Tél. : 03 26 86 70 10
Internet : www.creps-reims.fr

La Réunion
24, route Philibert-Tsiranana
CS 6115
97495 Sainte-Clotilde cedex
Tél. : 02 62 94 71 94
Internet :
www.creps-reunion.sports.gouv.fr

Auvergne-Rhône-Alpes
• Passage de la Première-Armée
BP 38
07150 Vallon-Pont-d'Arc
Tél. : 04 75 88 15 10

• Campus de la Brunerie – Bât. Inolab
38500 Voiron
Tél. : 04 76 35 67 25

• Internet :
www.creps-rhonealpes.sports.gouv.fr

Saint-Raphaël-Boulouris
346, boulevard des Mimosas
83707 Saint-Raphaël cedex
Tél. : 04 94 40 27 40
Internet : www.creps-paca.fr

Strasbourg
4, allée du Sommerhof
67035 Strasbourg
Tél. : 03 88 10 47 67
Internet :
www.creps-strasbourg.sports.gouv.fr

Toulouse-Midi-Pyrénées
1, avenue Édouard-Belin
31400 Toulouse
Tél. : 05 62 17 90 00
Internet : www.creps-toulouse-midi-pyrenees.jeunesse-sports.gouv.fr

Vichy-Auvergne
2, route de Charmeil
03321 Bellerive-sur-Allier cedex
Tél. : 04 70 59 85 60
Internet :
www.creps-vichy.sports.gouv.fr

Wattignies
11, rue d'Yser
59139 Wattignies
Tél. : 03 20 62 08 10
Internet : www.creps-wattignies.fr

34/38, rue Camille-Pelletan - 92309 Levallois-Perret cedex
Imprimerie Laballery - 58502 Clamecy cedex
Imprimé en France - 1er trimestre 2020 - N° impression : 911381
Service éditorial : Benjamin Dias Pereira, Deborah Lopez
Conception graphique : Catherine Aubin
Crédit photographique : © DR
Dépôt légal à parution - ISBN 978-2-7590-4275-3